K-POP

新感覚のメディア

金成玟
Kim Sungmin

岩波新
1730

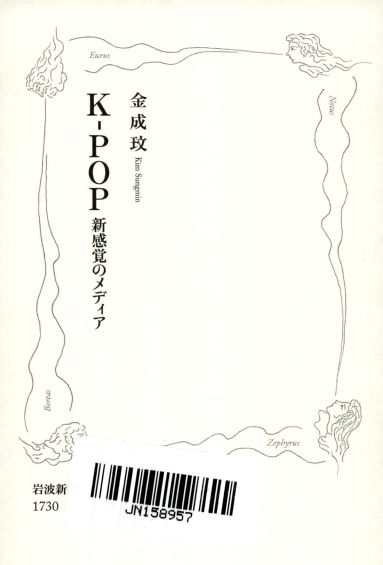

はじめに

K-POPとは何か

BTS(防弾少年団)が第四五回アメリカン・ミュージック・アワード(AMAs)の舞台に立ち、**TWICE**が第六八回NHK紅白歌合戦に出場した二〇一七年。この年は、いろいろな意味で二〇一二年に似ていた。二〇一二年にも、**Psy**(サイ)がアメリカン・ミュージック・アワードで「江南《カンナム》スタイル」を披露していたからだ。また前年末には、**東方神起**、**少女時代**、**KARA**の三チームが「紅白」の舞台に選ばれていた。

二〇一二年は、K-POPに対する関心が世界的に拡《ひろ》がった年だった。当時、世界各国と地域の音楽チャートにはK-POPの曲が次々と登場し、YouTubeなどのソーシャルメディアを中心とするグローバルなファンダムが形成されていた。

『ビルボード』や『ローリングストーン』のような音楽専門誌はもちろん、『ニューヨークタイムズ』や『ガーディアン』のような有力媒体も、この頃から本格的にK-POPを取り上げはじめた。『オックスフォード英語辞典』に「K‐POP」という項目が掲載されたのもこの年である。それらの媒体は、口をそろえてこう問うているようだった。K‐POPとは、いったい何なのか。

現在に至るまで、そのような関心はますます高まりつつある。そのあいだにK‐POPは、安定した市場やファンダムを背負い、世界のポップミュージックの一ジャンルとして定着してきた。

それに対し、日本ではどうだろうか。どうやら、二〇一二年と二〇一七年のあいだに大きな断絶があると感じる人が多いようである。日本では二〇一二年以後、K‐POPが一気に人気を失ったかのように思われていたからだ。

二〇一二年までのK‐POP人気は、韓国ドラマ『冬のソナタ』を中心とする「第一の韓流」につづくものとして理解されてきた。つまりK‐POPは「第二の韓流」だった。しかし「第二の韓流」は、歴史問題で日韓関係が冷えこんだ二〇一二年以降、「韓ドラ」＝「第一の韓流」とともにお茶の間から姿を消し、世間一般の認識では消滅した現象と思われてきた。

ところが、TWICEとBTSなどの爆発的な人気が表面化した二〇一七年を機に、K‐POPは日本で再び注目されるようになった。二〇一七年六月二八日に正式な日本デビューを果たしたTWICEが、デビュー四日後のショーケースで一万五〇〇〇人を動員すると、BTSのシングル「MIC Drop/DNA/Crystal Snow」は、海外アーティストとしては初となる、三〇万枚以上のシングル初週売り上げを記録し(三六・五万枚)、業界を驚かせた。市場の動きだけではない。K－POPのダンスとファッションが若者のあいだで大流行すると、K－POPアイドルを目指してソウルに向かう日本の若者が急増した。

K－POPの発見と再発見

驚いたマスメディアはこう問いはじめた。なぜ日本の若者は、日韓関係が悪化しているにもかかわらず、韓国発のポピュラー音楽に熱狂しているのか。二〇一七年に何が起きているのか。

このような問いは、K－POPの人気が日韓関係に大きく左右されること、そのため「第二の韓流」はすでに消滅していたことを前提としている。しかし、そのような認識とは裏腹に、二〇一二年から二〇一七年のあいだ、日本でのK－POPの人気は消滅するどころか、むしろ拡大してきた。

たとえば、最近の音楽産業において最も重要な比重を占めるコンサート動員力。二〇一三年には東方神起が日本国内全体で第二位となる八九万人を、二〇一六年にはBIGBANGが第一位となる一八六万人を記録するなど、K－POPのアーティストは日本のポップ界の最前線で受容されてきた。日本デビューする前の二〇一四年に、一四回のコンサートで三一万八〇〇〇人を動員していたEXO（エクソ）が、二〇一五年一一月四日にシングル「Love Me Right～romantic universe～」で正式に日本デビューを果たし、その直後となる一一月六日から八日の三日間、計一四万五〇〇〇人の前で東京ドーム公演を行ったことは、日本だけではなく世界のポップ界に衝撃を与える出来事でもあった。

二〇一二年から二〇一七年のK－POPをめぐって、日本社会の認識と実態とのあいだにズレが生じている。そのズレのせいで、K－POPに対する問題関心も、日本と世界とでは少し異なっているようにみえる。その違いを理解しようとするならば、二〇一二年もしくはそれ以前にまで、さかのぼって考えてみる必要がある。

つまり本書は、次のような二つの問いで成り立っている。第一に、グローバルな現象としてのK－POPに対して、二〇一二年以降に世界中から提起されてきた問い（世界的なK－POPの発見）。そして第二に、それとはかけ離れた文脈で、二〇一七年から日本で新たに投げかけられている問いだ（日本でのK－POPの再発見）。

この二つの文脈は、じつは密接につながっている。二〇一七年以降における日本でのK－P

OPの人気は、これまでの韓流とは一線を画するグローバルな現象であり、同時にそのグローバルな現象としてのK-POPのあり方は、そもそも日本との関係なしではとらえきれないものだからだ。

「K-POPとは何か」という問いの答えは、この二つの文脈を重ね合わせたとき、より明確にみえてくるだろう。

K-POPのとらえ方――三つの次元

K-POPの定義は、じつは明確ではない。

音楽的側面からK-POPを定義してみたとき、「韓国でつくられたポピュラー音楽」では大きすぎるし、「特定の音楽ジャンル」では小さすぎる。しかも、そのカテゴリーの中身は世界のトレンドの変化とともにつねに更新される。

その中心的存在となるのは、本書で主に紹介する、BoA、東方神起、G-DRAGON、BIGBANG、IU(アイユー)、少女時代、Wonder Girls、2NE1(トゥエニィワン)、f(x)、Red Velvet、BLACKPINK、SHINee(シャイニー)、EXO、TWICE、BTSのような、「アイドル」である。

洗練されたポップミュージックのサウンドと華麗なパフォーマンスを追求するアイドルの音

楽は、韓国ポピュラー音楽全体からすれば、もちろんごく一部にすぎない。

しかし産業的な側面からみれば、アイドル音楽は圧倒的な比重を占めている。韓国の公認チャートである「ガオンチャート」によれば、二〇一七年の年間CD売り上げ枚数が一〇万枚を超えたアルバムは三二枚。そのうちたった一枚を除いた三一枚が、BTS『LOVE YOURSELF 承 'Her'』(一四九万三四四三枚)やEXO『THE WAR: The 4th Album』(九四万九八二七枚)をはじめとするアイドルのアルバムだった。音楽ダウンロードやストリーミングなどのデジタルチャートの場合は、もう少し多様なジャンルの曲がランクインしているものの、テレビ放送の音楽番組とYouTubeなどのソーシャルメディア、韓国のポピュラー音楽賞などでの影響力を考えれば、韓国の音楽産業は、事実上アイドルが主導しているといっても過言ではない。

このような状況を反映してか、K-POPに対しては音楽・産業・社会という三つの次元から、さまざまな観点が存在する。

「K-POP=アイドル」としてとらえ、その音楽的な貧弱性を批判する視点もあれば、K-POPをより多様な音楽ジャンルからとらえようとする試みもある。たとえばアメリカの『ビルボード』は、毎年「評論家が選んだK-POPのベストソング」のような記事を掲載しており、音楽チャートの上位には現れていない曲も取り上げている。

また、アイドルが主導するK－POPは外国市場のために生産された輸出用商品であるとして、韓国のポピュラー音楽の亜流に位置付けられることもある反面、韓国の音楽産業の構造を再編させ、そのグローバル化を牽引した主役として評価されることもある。

K－POPをアイドルによる千篇一律な生産物としてとらえ、韓国の文化的多様性を害するものとして軽視する意見もあれば、韓国という国の文化的イメージを象徴するものとして考える人びとも多い。CL（シーエル）とEXOが二〇一八年の平昌《ピョンチャン》オリンピックの閉会式の舞台に立っていたのも、そのような認識の共有なしでは考えられないことだろう。

ここで大事な点は、ある特定のジャンルやスタイルに沿って単純に定義するだけではK－POPがどんな音楽なのかを理解できない、ということである。

三つの次元における複雑な動きを総体的に考えること。これが、本書の観点でもある。つまりK－POPとは、欲望が交錯する音楽空間であり、文化産業であり、社会的場である。K－POPは、メディアなのだ。

「K」と「POP」の欲望

なるほどK‐POPはメディアである。そして、そこで媒介されるのは、「K(韓国的なもの)」の欲望であり、「POP」の欲望である。

K‐POPを語ることは、「韓国ポップミュージックのグローバル化」というアプローチだけではなく、「ポップそのものの拡張」について理解することでなければならない。K‐POPは、韓国にとって新しいサウンドとスタイルを求めようとする「K」の欲望の表れであると同時に、世界における新しいスタイルと表現、感性を発見し、拡張＝進化してきた「POP」の欲望の表れでもあるのだ。

いいかえれば、いまK‐POPがグローバルに消費され、世界的に注目されているのは、そのポップとしての「新しさ」が市場とファンダム、評論によって承認されたからだともいえよう。世界中の若者たちがヒップな(クールな)文化として熱狂するのも、ソーシャルメディアのような新たなコミュニケーションと高い親和性をもつのも、その「新しさ」ゆえである。

もちろんここでいう「新しさ」とは、あらゆるポップカルチャーがそうであるように、これまでまったく存在しなかったものを意味するわけではない。実際、K‐POPの音楽を聴き、そのミュージックビデオを観てみると、そのすべての要素が新しいわけではなく、古い要素もたくさん使われているのがわかるだろう。たとえば、八〇年代から九〇年代のアメリカンポップを思い出させる音楽的要素が含まれていたりもするし、韓国歌謡のメロディや感性が感じられたりもする。

興味深いのは、これまでのポップミュージックで親しまれてきた古い要素も、K-POPというフィルターを通ると、まったく新しいものとして生まれ変わるということである。

つまりここで問うべきことは、「K-POPの何が新しいのか」ではなく、「K-POPはいかに新しいのか」であろう。何が、どのようにして、K-POPを新しくしているのか。なぜそれは新しいのか。

その音楽的・産業的・社会的感覚こそ、「K」と「POP」という二つの欲望のあいだをつなぐものであり、今ここのK-POPをつくり上げた最も重要な力に他ならない。

本書の目的は、そのK-POPの「感覚」を探ることだ。そのために、第1章では八〇年代にまでさかのぼり、K-POPの典型的特徴の形成過程をたどる。日本とアメリカのポピュラー音楽との関係の変化、「アイドル」という概念の韓国的受容、新しい生産・消費主体の台頭、そして韓国のポピュラー音楽が「韓流」として拡散しはじめた過程などがその主な内容となる。

第2章では、二〇〇〇年代以降、K-POPがグローバルに展開しはじめた過程について語る。日韓における音楽空間のあり方、iTunes、YouTube など新しいメディアへの対応、グローバルなファンダムの形成などを通して、その意味を考える。

第3章では、バラードを中心とした韓国的感性やガールグループの台頭、アイドルをめぐる社会的認識に触れながら、K-POPがどのような感覚を体現してきたのか紹介する。

第4章では、グローバル化するK-POPの核心とは何かについて考える。とくに「韓国的なもの」に対する問いや、国家との関係、都市空間・メディア空間との相互作用、アイドルを構成する諸要素、そして世界の市場、ファンダムの動向から、K-POPがどのように「K」と「POP」の欲望を媒介してきたのかを探る。

そこで述べられるのは、「K」と「POP」の欲望がさまざまな音楽的・産業的・社会的感覚をつうじて交錯してきた過程である。とくに強調したいのは、そのなかで、つねに新しいポップを求めつづけてきたアーティストとオーディエンスの出会いである。その出会いを可能にした感覚こそ、K-POPの核心であるからだ。

目　次

はじめに
K-POPとは何か／K-POPの発見と再発見／K-POPのとらえ方――三つの次元／「K」と「POP」の欲望

第1章　K-POPの誕生――韓国アイドル、生まれる……1

1　韓国ポップとアイドル　2
韓国歌謡／「K」を匂わせる「感覚」／「観る音楽」の登場／「観る音楽」としての日本型アイドル／旧世代の違和感／ソバンチャ――K-POPアイドルの原型／日本型アイドルの意味／キム・ワンソン――「韓国のマドンナ」／アイドルへのまなざし

2　ブラックミュージックとの出会い　20
ブラックミュージックの時代／ソテジワアイドゥル――K-POPの基準点／アメリカ帰りのブラックミュージック／韓国語ラップの定着

3　韓国歌謡からの脱却　33

「X世代」の台頭／シンガーソングライターの時代／韓国ポップのフレーム／J－POPからの脱却

4　K－POPの誕生　43

マネージメント・システムの確立／韓国型マネージメント／H.O.T.――K－POPアイドルの典型／K－POPファンダム／K－POPの「誕生」

第2章　K－POPの拡張――グローバル化の構造……55

1　日韓の音楽空間がもつ意味　56

J－POPの相対概念としてのK－POP／K－POPの定義／チョー・ヨンピルからBoAまで／BoA――日韓の音楽空間／東方神起――K－POPのかたち／K－POPの空間としてのドームツアー／「奴隷契約」事件／アイドル産業のジレンマ／「標準契約」／K－POPのグローバル化

2　「テイストメーカー」としてのK－POP　82

デジタル音楽の時代／iTunesとK－POP／YouTube――動画によるデジタル音楽／YouTubeとK－POP／テイストメーカーとして／G-DRAGON――世界のテイストメーカー／BIGBANG――境界を超えた音楽

第3章　K－POPの感覚――韓国的感性の系譜……103

1　Ｋ－ＰＯＰのメロディと韓国的感性　104
Ｋ－ＰＯＰにはバラードもある／「ポンキ」という感覚／ポンキからの脱却／バラードが表すサウンドの幅／IU――Ｋ－ＰＯＰの里程標
2　ガールグループの時代　117
ガールグループのアイデンティティ／少女時代――ガールグループの可能性／また巡り逢えた世界／Wonder Girls と 2NE1 の道／Red Velvet と BLACKPINK

第4章　Ｋ－ＰＯＰの核心――「Ｋ」と「ＰＯＰ」の欲望……………………137

1　グローバル化するＫ－ＰＯＰ　138
「江南スタイル」――新たな展開／問われる「韓国的なもの」／Ｋ－ＰＯＰの核心にあるもの／「Ｋ」と国家／ソフト・パワーとしてのＫ－ＰＯＰ
2　Ｋ－ＰＯＰの場所　152
ソウル――Ｋ－ＰＯＰの都市／江南――集中する「Ｋ」の欲望／弘大――感覚とスタイルの街／Ｋ－ＰＯＰの観光空間
3　Ｋ－ＰＯＰアイドルの条件　164
オーディション番組とアイドル／Ｋ－ＰＯＰアイドルの条件／アイドル

メーカー／アイドルの倫理／EXO──Ｋ－ＰＯＰアイドルの完成／マネージメントの限界とＫ－ＰＯＰの課題

4　Ｋ－ＰＯＰの現在　181
TWICE──多国籍アイドルが歌う超国籍ポップ／アイドルのアイデンティティ／ジョンヒョン──アイドルの生と死／BTS──Ｋ－ＰＯＰの今ここ／過程の物語をめぐる感情のコミュニティ／Ｋ－ＰＯＰをめぐる普遍的な「ポップの瞬間」

おわりに　203
Ｋ－ＰＯＰの感覚／拡張する音楽空間／Ｋ－ＰＯＰというメディア

主な参考文献　209

あとがき　215

第1章
K-POPの誕生
韓国アイドル，生まれる

H.O.T.が表紙を飾った月刊音楽雑誌『PHOTO MUSIC』1997年2月号

1　韓国ポップとアイドル

ばならない。

韓国歌謡

韓国のポピュラー音楽の歴史を語るには、日米のポピュラー音楽との深い関係からはじめね

韓国初の商業用レコードは、一九〇七年に発売された『Corean Song 多情歌（다정가）』である。アメリカのコロムビアレコード社が制作したこのアルバムは、一九〇六年に大韓帝国の音楽家たちが日本の大阪で録音した民謡の音源を、アメリカでレコード化したものだった。

その後、韓国の音楽産業は、日本とアメリカの多大な影響を受けて形成された。そこには、音楽の形式やスタイル、制作システムと法制度、放送システムなど、ポピュラー音楽を構成するあらゆる要素が含まれる。つまり、日米からの影響を受けながらも、いかにして独自の音楽空間をつくり出すかという問題は、韓国のポピュラー音楽にとって、形成段階からの課題だったのである。

個々の歌謡曲はもちろん、当時活躍していた多くのミュージシャンたちの音楽人生にも、そ

の影響は顕著に表れていた。たとえば、六〇年代から八〇年代の「韓国歌謡」を代表する作曲家・演奏家で、数々のヒット曲を生み、一九八八年のソウルオリンピックで音楽監督を務めた**キル・オギュン**（**吉屋潤**）。

キルは一九四六年に駐韓米軍基地舞台でジャズ演奏家（サックス）としてデビューし、五〇年代に日本で吉屋潤を日本語読みした「よしや・じゅん」という名前で活躍した。その後に彼が韓国へ帰国し生み出した約三五〇〇曲の「韓国歌謡」には、日米のポピュラー音楽からの影響が多々表れていた。なお、**パティ・キム**が八九年の「紅白」で歌った「離別（イビョル）」も、キルの作詞作曲だ。キル自身も、九五年の第三七回日本レコード大賞日本作曲家協会特別功労賞を受賞している。

一九八三年のある座談会でキルは、当時の韓国歌謡の性格を、（1）民族音楽からの伝統的歌謡、（2）欧米の影響の下にある歌謡、（3）日本の影響を受けた「倭色歌謡」という三つの特徴で説明し、とくに（2）と（3）の傾向が徐々に強まっていると述べている（『公演倫理』一九八三年五月二五日）。この傾向は、まさに八〇年代までの韓国のポピュラー音楽の歴史が生んだものであるといえるだろう。

「K」を匂わせる「感覚」

K－POPの歴史は、この韓国歌謡の延長上に存在する。しかし、それは、日米のポピュラー音楽との関係を再構築することではじまった。

K－POPの原型が台頭したのは一九八七年から九七年のあいだである。この頃、いわゆる「ブラックミュージック」がアメリカのメインストリーム市場を占めるようになり、世界の音楽産業に転換をもたらしていた。また日本においても、一九八八年頃から用いられたJ－POPという言葉が示すように、いわゆる邦楽と洋楽の関係が問い直されていた。冷戦が終結し、グローバルメディアの普及とともに音楽主体も多様化していくなかで、「POP」そのものが大きく変わりつつあった。

この一九八七年から九七年のあいだは、韓国社会にとっても民主化、開放化、国際化という大きな転換期であった。それは、「K」＝「韓国的なもの」の性格にも大きな変化をもたらした。

韓国のポピュラー音楽においても、音楽産業とメディア環境から、法制度のあり方、「表現の自由」の拡大にともなう音楽観、音楽と社会との関係まで、あらゆる要素が急速に変容した。なかでも消費社会化とともに中産階層が急増したことは大きな意味をもっていた。ポピュラー音楽を動かす重要な要素である大衆の嗜好と欲望の変化が、ミュージシャンとオーディエンス両方の認識と感覚の変化として表れたのだ。つまり、生産主体と消費主体が貪欲に「新しい音楽」を求めはじめたのだ。

それまでの韓国の音楽界は、日本・アメリカという他者のサウンドやシステムをほぼ一方的に「模倣する側」だった。それが、模倣を超えた積極的な混淆《こんこう》と変奏をつうじて、自己の音楽を「創出する側」に立ちはじめた。J－POPとアメリカンポップの影響は受けつつも、単純にその「亜流」とはいえない、「K」を匂わせる「感覚」が生まれはじめたのである。

ここでいう「感覚」とは、直接的にはサウンドから受ける聴覚的な、あるいはパフォーマンスから受ける視覚的な印象のことを指している。しかし本書では、たとえば「クール」「ダサい」といった、より総合的で複雑な意味をも込めている。人びとに愛されるポップ音楽は、そのような曖昧な感覚までをも含めてこそ成り立つからだ。

音楽とミュージシャン、ファンを貫いていたその新しい感覚は、世界のポップ界のメインストリームとして浮上していた「観る音楽」をつうじて最も顕著に現れた。

「観る音楽」の登場

「観る音楽」の時代を切り拓いたのは、一九八一年に開局したアメリカのケーブル放送局M

TVだった。MTVとは文字通り「ミュージック・テレビジョン」。バグルスの「ラジオスターの悲劇(Video Killed the Radio Star)」を第一曲目に、ミュージックビデオを終日流すという斬新な実験をはじめたMTVの急成長は、それまで断絶されていた視覚芸術と商業音楽の混淆を加速させた。

MTV時代の象徴は、歴史上もっとも売れたアルバム(ギネス推定六六〇〇万枚)であるマイケル・ジャクソンの『スリラー(Thriller)』と、そのミュージックビデオだった。彼のずば抜けた歌とパフォーマンス、優れたポップミュージックのあらゆる要素が集約されたサウンド、ブロックバスター映画に引けを取らない特殊効果を交えた映像は、ミュージックビデオを一躍ポップの中心的存在にした。グラミー賞は、一九八二年から「ミュージックビデオ」部門を新設した。

それだけではない。当時『ニューヨークタイムズ』が、「『ビリージーン』のミュージックビデオによって、ついにブラックミュージックがMTVに送り込まれた」(一九八三年一二月二四日)と書いたように、それまでは輝かしい音楽的貢献にもかかわらず白人中心のアメリカ音楽業界の周辺に位置付けられていたブラックミュージックが主流に躍り出たのである。パフォーマンスが重視される「観る音楽」によって、黒人のつくり出した音楽が白人によって主流化されるという二〇世紀音楽の一つのパターンが、ついに通用しなくなったのだ。

ＭＴＶを中心に生まれた「観る音楽」は、その頃にはほとんどの国や地域で普及していたカラーテレビを通して、世界中のミュージシャンとオーディエンスを熱狂させた。それは、たんなるアメリカナイゼーション、つまりアメリカ文化の浸透を意味するだけではなかった。「観る音楽」がもたらしたのは、音楽メディアの拡張であり、生産主体と消費主体の拡張であり、ポップをめぐる感覚の拡張だったからだ。

そしてアメリカ発の「観る音楽」は、一九八〇年に正式なカラーテレビ放送を開始した韓国にも上陸し、大きな衝撃を与えた。ビジュアルを重視するミュージシャンが次々と登場し、若いファンを引きつけた。放送局は、若いミュージシャンとファンのための番組を増やした。

韓国のポップミュージックが韓国歌謡から脱却したのはまさにこの時期で、Ｋ－ＰＯＰは「観る音楽」とともに形成されたといえる。しかし、そこにはもう一つ大きな要因が作用していた。日本発の「観る音楽」だ。

「観る音楽」としての日本型アイドル

ＭＴＶの影響は、もちろん日本にも及んでいた。しかし八〇年代日本のポップカルチャーは、異なる文脈の「観る音楽」をも形成していた。いうまでもなく、「日本型アイドル」である。『スター誕生！』（日本テレビで一九七一～八三年に放送）などの番組によって生み出された日本型アイドル。その特徴は、社会学者の毛利嘉孝《よしたか》によると、歌手としての生命線であるはずの「歌唱力」の代わりに、ビジュアル、つまり音楽以外の「視覚的な特質（スター性）」が強調されるところにあった。

八〇年代のアメリカ型アイドルが「視覚的な特質（スター性）」を重視しなかったわけではない。しかしそれは、マイケル・ジャクソンやマドンナなどの例でわかるように、歌唱力をはじめとする音楽的な能力が極めて高い水準まで求められたうえでのことである。日本語の「アイドル」という言葉は、「大いに賛され、愛され、敬される存在」という意味の「idol」（『オックスフォード英語辞典』）とは異なるのだ。アメリカでマイケル・ジャクソンが「idol」と呼称されるとき、日本語の「アイドル」とはまったく異なる響きを帯びる。

八〇年代半ば以降、韓国の若者は日本型アイドルにも大いに反応した。当時の韓国では日本のポピュラー音楽の流入が禁止されていたにもかかわらず、近藤真彦、松田聖子、少女隊、光GENJIなどの音楽が大学街や繁華街の音楽喫茶を中心に流行し、海賊版のカセットテープやビデオテープが流通した。日本のアイドルは、『non-no』『an-an』などのファッション誌、アニメやマンガ、映画などとともに、若者のサブカルチャーの一つとして広く消費された。
つまり、アメリカ発のMTVと日本発のアイドルという二つの「観る音楽」は、それまでの韓国歌謡にはなかった新しいポップとして受容された。消費者としての韓国の若者が反応していたのは、サウンドとビジュアルを含む、新しい文化的感覚そのものだった。

旧世代の違和感

一方で、旧世代は理解に苦しんでいた。たとえば放送審議委員会は、「観る音楽」が放送の主なコンテンツとして浮上したことに対する悩みを、次のように表している。

歌手の優れた歌唱力と全体の雰囲気を重視する代わりに、絢爛《けんらん》たる舞台、出演者の豪華な衣装とアクセサリー、踊り手たちの乱れたダンスに依存することで、頽廃《たいはい》的な雰囲気が表れ、所得階層間の違和感を助長する恐れがある。また、公開放送または生放送で行われる音楽番組の場合、一〇代が主流となって熱狂する観客席が画面を構成することで、騒がしすぎる雰囲気が演出されることが少なくないため、改善すべきである。(『放送審議評価書』一九八七年)

ここでいう「所得階層間の違和感」とは、「観る音楽」が中産階層を中心に流行していた事実によるものと思われる。しかし同時に、世代間の違和感にも注目する必要がある。韓国歌謡に慣れていた旧世代にとって、伝統的な意味での歌唱力が中心ではないポピュラー音楽が増える現象は、理解しがたい変化だったからだ。

つまり「観る音楽」の登場は、世代(若者文化)、階級(中産階級文化)、地域(都市文化)など、さまざまな水準における韓国社会の文化的転換を象徴的に表す現象だった。

ならば、アメリカ型の「観る音楽」と日本型の「観る音楽」は、韓国でどのようなかたちで受容されていたのだろうか。その様子を具体的にみてみよう。

ソバンチャ——K-POPアイドルの原型

一九八七年から九七年まで、韓国社会は活気にあふれていた。経済的には、「漢江《ハンガン》の奇跡」ともいわれる六〇年代から八〇年代にかけての高度成長を受け継ぎ、一〇%前後の成長率を維持していた。文化的にも、軍事政権による権威主義時代の抑圧から脱却しつつあった。

そして、漢江の南側、つまり江南《カンナム》の開発が進むソウルを中心に、新しいメディア・都市文化が育《はぐく》まれていった。その主な担い手は、安定した経済的基盤によって余暇を手にした中産階層だった。彼らはポピュラー音楽の需要と供給を爆発的に増加させた。

韓国社会の活気を代弁するかのように、華麗なパフォーマンスのダンス音楽が若者を中心に流行した。たとえば、八〇年代に若手ミュージシャンの二大登龍門だった「ＭＢＣ大学歌謡祭」と「ＭＢＣ川辺《カンビョン》歌謡祭」の一九八八年大会で優勝したのは、例年とは違う速いテンポの曲だった。「ＭＢＣ大学歌謡祭」では、九〇年代以降の韓国ポピュラー音楽を牽引した**シン・ヘチョル**（**신해철**）率いるグループ「無限軌道」の「あなたに」が、「ＭＢＣ川辺歌謡祭」では、日本でも「リーチェ」という名前で知られている**イ・サンウン**（**이상은**）の「ダムダディ」が受賞している。

そのなかで若いダンス歌手が次々と現れた。まだ「アイドル」という言葉がなかった当時の韓国では、この新しいポップミュージシャンたちを「ビデオ型歌手」と称した。ルックス、歌唱力、パフォーマンスを同時にウリにして、一〇代からの絶大な人気を得るミュージシャン。Ｋ－ＰＯＰアイドルの歴史は、ここからはじまったのである。

そのビデオ型歌手であり、韓国で「初のアイドル・ボーイバンド」として語られる男性三人組グループ「**ソバンチャ**（**소방차**）」。一九八七年のデビュー曲「オジェパム・イヤギ（ゆうべの

話)」のヒットは、ダンス音楽とアイドルグループのかたちを韓国に定着させるきっかけとなった。この曲は、一九九六年に日本のお笑い芸人ダウンタウンらが「オジャパメン」という名でカバーしたことでも知られている。

ソバンチャは当時どのように見られていたのか。

一〇代の爆発的人気を集めている男性三人組ソバンチャが特有のタンブリング・ダンスと独特な舞台マナーで話題。一定の枠がなく、無定形の破格を表す彼らの舞台は、ビデオ型歌手の新しい流れを提示している。マイケル・ジャクソンの音楽よりは軽く破壊的な面は弱いが、最近流行しているリズムに非常に馴染む音楽である。(『京郷新聞』一九八八年五月三一日)

一〇代のファン、華麗なダンスパフォーマンス、流行りのリズムとサウンドが混ざり合う、それまでなかった舞台。新聞記事は、ソバンチャを新しいビデオ型歌手としてとらえつつ、マイケル・ジャクソンと比較している。もちろん彼らの音楽にアメリカ型アイドルの影響がないとはいえないが、しかし比較対象としては適切ではなかった。それもそのはず、ソバンチャと比較すべき対象は、この記事の視野には入っていない日本型アイドルだったからだ。端的にいえば、ソバンチャの歌とファッション、ダンスは、明らかに日本の三人組アイドル少年隊を連想させるものだった。

ソバンチャだけではない。日本のポピュラー音楽の輸入が禁止されていた当時のビデオ型歌手たちは、八〇年代に「黄金期」を迎えていた日本のアイドルのフォーマットとコンテンツを露骨に模倣していた。ソバンチャがデビューした一九八七年頃から韓国ポップが次の段階に移行する九二年頃までのあいだにデビューした多くの韓国アイドルから、少女隊、近藤真彦、光GENJI、Wink、工藤静香などの雰囲気を感じ取ることは難しくない。

音楽的にも、日本のアイドル音楽の影響が色濃く表れていた。電子楽器がつくり出す軽快なサウンドやリズムと、それらとは対照的に、歌謡曲のような長い呼吸の聴きやすいメロディが重視されていた。歌詞も、「I Love You I Need You」(ソバンチャ「通話中」)のような簡単な英語詞が、フック(日本語の「サビ」に近い、最も印象的なパート)で頻繁に使われた。その親しみやすいメロディと比較的簡単な振り付けは、海賊版テープなどをつうじて日本のアイドル音楽を消費していた一部のファンはもちろん、新たにダンス音楽に接した多くの若いオーディエンスを魅了した。

しかし、日本型アイドルの影響が刻まれたK－POPの最初の一ページは、じつは同時に、それまで数十年間にわたり日本のポピュラー音楽を模倣しつづけた韓国歌謡の最後の一ページでもあった。

日本型アイドルの意味

日本歌謡を模倣する韓国ポピュラー音楽の慣例は、日本のポピュラー文化全般の輸入が禁止されていた七〇年代から八〇年代に盛んとなり、ソバンチャの時代に頂点を迎えたが、九〇年代を通して徐々にメインストリームから姿を消していった。

それには二つの理由が考えられる。

一つ目は、日本のポピュラー文化をより自由に受容できるメディア環境が整えられたことである。一九八九年になされた海外旅行自由化や衛星放送のパラボラ・アンテナの輸入許可、インターネットの普及などが進むと、韓国の若者はさまざまな手段で日本のアイドルを受容できるようになり、SMAPやSPEEDなどのファンも急増した。そのような環境のなかで、日本のポピュラー音楽を露骨に模倣する韓国のアイドルは、その価値を失っていったのである。

二つ目は、韓国のポップ感覚そのものが日本型アイドルの感覚から離れていったことである。

それは、日本のアイドルはもちろんＪ－ＰＯＰの感覚が九〇年代以降の世界的潮流から徐々に離れていったこととも関連する。九〇年代の韓国のミュージシャンと大衆は、より洗練されたサウンドとパフォーマンス、そして「ポップな感覚」を求め出したのである。

新しいアイドル文化の窓口でもあった日本型アイドルは、模倣の対象から参照の対象へと縮小していった。そして韓国ポップの関心は、一気にもう一つの窓口であったアメリカ型アイドルのほうへと移行していった。

キム・ワンソン――「韓国のマドンナ」

ソウルオリンピックが開催された一九八八年前後、韓国社会は、グローバルメディアの普及と貿易市場の開放、冷戦体制崩壊による旧東陣営諸国との国交樹立などにともなう急速な開放化を経験した。その波が、ポピュラー文化を取り巻く制度、組織、市場を大きく揺るがしたのはいうまでもない。一九八七年の万国著作権条約(ＵＣＣ)批准、同年の「音盤の無断複製から音盤製作者を保護するための協約」批准、八八年のハリウッド映画の直接配給開始、九〇年の民営放送設立自由化などの措置が次々となされた。

レコード市場も開放され、一九八八年からイギリスのＥＭＩを筆頭にワーナーミュージック、

CBS、BMG、RCA、ポリグラムなどの海外の大型レコード会社が韓国市場での直接配給を開始した。マドンナやデビー・ギブソンのアルバムが、国内レーベルを通すことなく韓国の消費者の手に届くようになったのである。

国内の音楽産業は危機感を覚えていた。直接配給にくわえて、海外レーベルは国内のレコードを直接制作することも視野に入れていた。そうなると、国内のレコード会社はさらなる経済的打撃を受けることになる。メディアでも、国内のレコード会社が海外レーベルの下請け構造に追い込まれることが心配されていた。

そのため、国内音楽市場の開拓が喫緊の課題とされた。当時のビデオ型歌手＝アイドルは、まさにその課題に応えるものだった。つまりアイドルの輸入は、世界的な流行の拡散という要因だけでなく、同時に国内産業と市場の要求によるものでもあった。ポップの拡張には、音楽的・社会的な条件だけではなく、産業的な条件が強く作用していたのだ。

その先頭に立っていたのは、「韓国初の女性ソロアイドル」ともいわれる**キム・ワンソン**(**김완선**)だった。一九八六年、一七歳の若さでデビューしたキムは、圧倒的なパフォーマンスと鮮烈なルックスで一気にトップミュージシャンの座に躍り出た。九〇年に出した「ピエロは私たちをみて笑う」で全盛期を迎え、九二年に国内活動を引退するまで、キムはビデオ型歌手を

代表するミュージシャンとして男女問わず高い人気を誇った。日本でも「シルエット」という名義でシングル「ランバダ」を発表していたキムは、国内引退後、香港(一九九三年)、台湾(一九九四年)などで海外活動を繰り広げた。

当時の韓国メディアはアメリカンポップを強く意識しており、「韓国のマイケル・ジャクソン」「韓国のマドンナ」などのニックネームを付けたがる傾向があった。そして、キム・ワンソンは、まさに「韓国のマドンナ」にふさわしいミュージシャンだった。

歌手キム・ワンソンは、最初からアメリカ型アイドルを目指して企画されたものだった。デビュー前からキムは、歌とダンスにおいて多くの専門家による数年間の徹底したトレーニングを受けていた。当時としては前例のないことである。アルバムの制作にも当時の韓国の大物ロックミュージシャンがプロデューサーとして多数参加しており、既存の韓国歌謡の呼吸の長いメロディではなく、完成度の高いポップミュージックのメロディとリズムで構成されていた。

とくに彼女は、日本型アイドルに特徴的な「かわいさ」を追求することなく、果敢なファッションと化粧でパワフルなダンスを披露した。女性ファンも多く、一〇代の女性ファンにとって彼女は、「かわいい女の子」ではなく、「カッコいいお姉さん」だった。

したがってキム・ワンソンの登場は、アメリカ型アイドルの導入以上の意味をもつ。デビュー前からの専門的なトレーニング、プロデューサーによる洗練されたサウンドと完璧なパフォーマンス、熱狂的なファン、海外進出など、彼女の音楽活動は、今のK－POPアイドルの原型といえるものでもあったからだ。

アイドルへのまなざし

初期の韓国アイドルは、二つのまなざしに直面していた。

一つは、若者文化の社会的影響に対する認識だった。一九九〇年頃は、韓国社会がアイドルという言葉なしにアイドル的な存在を認識しはじめた時期でもあった。メディアが、一〇代への影響、若者文化の変化などを探りはじめたのだ。

とくに若い世代の爆発的な反応が社会に与えた衝撃は大きかった。象徴的な出来事が、アメリカのボーイバンド「ニュー・キッズ・オン・ザ・ブロック」による一九九二年の来韓公演で起きた。興奮した大勢のファンが舞台の前に押しかけ、その過程で一人が死亡し、約五〇人が怪我をしたのだ。この事件によって、「ニューキッズ世代」という名が世間の注目を集めることになった。韓国歌謡に慣れていた旧世代にとって、この新しいポップカルチャーは、「欧米化された、一〇代に(命を奪うほどの)悪影響を与えるもの」だった。

もう一つのまなざしは、音楽的価値に対する認識だった。

そもそもビデオ型歌手という言葉は、既存の歌手＝歌唱力という認識に、ビデオ型＝ルックス・パフォーマンスという特徴を付け加えたものだった。既存の韓国歌謡の伝統における「歌唱力」とは、大きな声量と綺麗なビブラート、豊富な感情表現を意味していた。

ビデオ型歌手には「美貌・ダンス・音楽性」という「三要素」（『京郷新聞』一九八七年一〇月一日）が求められていたが、激しいダンスを披露しながら歌唱力を証明することは容易ではなかった。したがって多くのダンスミュージシャンは、その高い人気にもかかわらず、歌唱力に対するプレッシャーをつねに感じていた。

「韓国のマドンナ」キム・ワンソンも例外ではなかった。彼女はデビュー七年目にあたる一九九二年のインタビューでも「ダンスだけではなく、歌唱力で認められたい」（『東亜日報』一九九二年二月八日）と述べている。オリジナルのマドンナの歌唱力さえも、十分に評価されてはいなかった時代だ。「韓国のマドンナ」も、自分の歌唱力を証明しつづけなければならなかったのである。

ソバンチャとキム・ワンソンの例が示す通り、韓国における「アイドル」という概念は、「視覚的な特質（スター性）」や親しみやすい魅力が強調される日本型アイドルと、歌唱力やパフォーマンス力をもった憧憬《しょうけい》の対象であるアメリカ型アイドル、その両者が融合したものだ。

サウンド面においても、メロディと親しみやすい振り付けを重視する日本のダンス音楽の特徴と、ビートやグルーヴ感、パワフルなパフォーマンスが強調されるアメリカのダンス音楽が混淆していた。現在のガールグループやボーイバンドの特徴は、すでにこの時期からはじまっていたといえよう。

2　ブラックミュージックとの出会い

ブラックミュージックの時代

九〇年代、アメリカは本格的にブラックミュージックの時代を迎えた。一九八四年にマイケル・ジャクソンがグラミー賞八部門を受賞するなど、プリンス、ホイットニー・ヒューストン、ジャネット・ジャクソンといった黒人アーティストの影響力が急速に高まるなか、ラップとヒップホップが一気にポップ界を席巻《せっけん》したのである。

一九五九年から開催されたグラミー賞と七四年にはじまったアメリカン・ミュージック・アワードが、八九年からそれぞれ「ラップ部門」と「ラップ・ヒップホップ部門」を新設したのは、その象徴的な出来事だった。九〇年の初回からラップ部門を設けているビルボード・ミュージック・アワード(BBMAs)を含め、いわゆる「アメリカの三大音楽賞」でラップが主なジャンルとして扱われるようになったのである。

それも当然のことだった。一九八六年にデビューしたM.C.ハマーをはじめ、数々の黒人アーティストが、ラップやヒップホップはもちろん、ポップミュージック全般で爆発的な人気を誇っていたからだ。M.C.ハマーが九〇年に出したセカンドアルバム『プリーズ・ハマー・ドント・ハーテム』は、世界で一八〇〇万枚を売り上げる大ヒットとなった。このアルバムは、アメリカレコード協会(RIAA)が販売枚数一〇〇〇万枚以上のアルバムに与えるダイアモンド認定を得た初のヒップホップアルバムだった。この年にM.C.ハマーが三大音楽賞の最優秀ラップ・ヒップホップ・アーティスト賞を独占したのはいうまでもない。

もちろんM.C.ハマーだけではない。同じ一九九〇年のアメリカン・ミュージック・アワードでは、アイドルグループ「ニュー・エディション」出身の黒人R&Bミュージシャンであるボビー・ブラウンが、最優秀ポップ・ロック男性アーティスト賞を受賞したのだ。このことからわかるように、ブラックミュージックの人気は、「ブラック」という枠を超え、ポップ全般に拡大していったのである。

表1　1992年にビルボード・シングルチャート1位を獲得したブラックミュージック

ミュージシャン	シングル	1位在位期間
マイケル・ジャクソン	Black or White	3週間
カラー・ミー・バッド	All 4 Love	1週間
ヴァネッサ・ウィリアムス	Save the Best for Last	5週間
クリス・クロス	Jump	7週間
マライア・キャリー　ft. トレイ・ロレンツ	I'll Be There	2週間
サー・ミックス・ア・ロット	Baby Got Back	5週間
ボーイズⅡメン	End of the Road	13週間
ホイットニー・ヒューストン	I Will Always Love You	5週間

一九九二年のビルボード・シングルチャートは、その事実を明確に示している（表1）。九二年の五七週のシングルチャートのうち、ブラックミュージックが一位を獲得したのはじつに四一週にのぼる。そのジャンルも、ラップ・ヒップホップから、R&Bバラード、R&Bダンス、ソウルまで多様だった。

ラップ・ヒップホップの主流化に最も素早く反応したのが、転換期に立たされていた韓国ポピュラー音楽だった。韓国の若いミュージシャンたちは、ブラックミュージックを模倣するだけでなく、その「感覚」自体を積極的に受け入れ、身につけていった。

韓国アイドルが日本型ではなくアメリカ型に方向転換し、いまのK-POPへとつづく道に進んだのも、ブラックミュージックとの出会いが大きなきっかけだったといえよう。それを可能にした最も重要な要素は、ラップだった。

ソテジワアイドゥル――Ｋ－ＰＯＰの基準点

いまのＫ－ＰＯＰに欠かせない表現様式である「韓国語ラップ」は、九〇年代前半にデビューした**ヒョンジニョングァワワ**(**현진영과 와와**)、**ソテジワアイドゥル**(**서태지와 아이들**／**Taiji Boys**)、**DEUX**(デュース)らによって、初めて韓国のポピュラー音楽に導入された。とくにソテジワアイドゥルの出現と成功は重要な出来事だった。

一九九二年、ソテジワアイドゥルがメジャーデビューしたとき、その聞き慣れないビートと歌詞をそのまま速く喋るようなラップに、旧世代は違和感を隠さなかった。彼らが初めて出演したテレビ放送で、複数の音楽評論家が「メロディがない」「歌詞の意味が伝わらない」と酷評したのは有名なエピソードである。

しかし韓国の大衆、とくに若者は、その新しいサウンドとファッションにすぐさま熱狂した。まだ海賊版のレコードが街のリアカーで大量に売られていた当時、そのデビューアルバムは約一八〇万枚の売り上げを記録した。

一九九六年に解散したこの三人組ヒップホップグループは、韓国のポピュラー音楽史に実に大きな影響をもたらした。マスメディアは、リーダーでありすべての曲を手掛けたソ・テジを「文化大統領」と称した。その呼称が違和感なく受け入れられた理由は、彼らがたった四年間の(伝説のような)活動で残した記録が物語っている――四枚のアルバムの売り上げは順に、一八〇万枚(デビューアルバムとしては最多)、二二〇万枚(当時としては過去最多)、一六〇万枚、二四〇万枚。

しかし彼らが時代のアイコンとなった理由は、CDの売り上げだけでは理解できない。一〇代から有名なロックバンド「シナウィ」のベーシストとして活動したソ・テジは、一〇代から二〇代向けの「大衆性」を失うことなく、ヒップホップとロックの混ざったサウンドに韓国の伝統楽器とラップを接合するなど、さまざまな音楽に挑みつづけた。そして同時に、「旧世代や社会への訴え」を積極的に取り込むことで、数十年ものあいだ国家による検閲に慣れていたポピュラー音楽界はもちろん、社会全体に波紋を広げた。教育問題(「教室イデア」)、統一問題(「渤海を夢見て」)、青少年問題(「Come Back Home」)など、ソ・テジが示したさまざまなテーマに、社会は熱く反応した。

とくに、一九九五年発表のラストアルバム収録曲「時代遺憾」の歌詞が「音盤事前審議制度」によって処分された事件は、韓国ポピュラー音楽史においても重要な出来事となった。

「時代遺憾」は一九九五年の三豊《サンプン》百貨店崩壊事故をテーマにした社会批判的な曲で、審議の主体だった公演倫理委員会は、「過激な歌詞で、現実を否定的に描いた」という理由で収録禁止および歌詞の修正を命じたのである。しかしソ・テジはこれに反発し、ボーカルなしで伴奏のみの曲を発表した。

この事件は、「事前審議」をめぐる社会的議論の起爆剤となり、一九九六年の制度廃止に導いた。植民地時代に施行され、軍事独裁政権を経てつづいた「音盤事前審議制度」が、新しいポップミュージックのはじまりとともに終わりを迎えたのである。

ソテジワアイドゥル解散後もリーダーのソ・テジはソロミュージシャンとして活動をつづけており、二〇一七年のデビュー二五周年記念コンサートではBTSとともにステージに上がり、大きな話題を呼んだ。ソ・テジとBTSには、たんに（過去と現在の）トップスターであるというだけでなく、強いメッセージ性という面でも共通点がある。

もう一人のメンバーであるヤン・ヒョンソクは、BIGBANGや2NE1などを育てたＹＧエンターテインメントを設立し、プロデューサーとして活動をつづけている。

Ｋ－ＰＯＰの歴史を振り返るにあたって、ソテジワアイドゥルは基準点になる存在といっていいだろう。

アメリカ帰りのブラックミュージック

九〇年代のK－POPがアメリカのラップとヒップホップを積極的に受け入れるにあたって重要な役割をしたのは、アメリカから戻ってきた移民二、三世のミュージシャンたちだった。ロサンゼルスやアトランタ、ニューヨークのマンハッタンとクイーンズなど、アメリカの大都市には六〇年代から七〇年代に形成された巨大なコリアンタウンがあり、多くの韓国人あるいは韓国系アメリカ人が定着している。現在は留学生の数も多いが、八〇年代までは、そのほとんどが韓国からの移民だった。

アメリカ移民の数は六〇年代後半から急速に増加していた。一九六五年にアメリカ政府が移民の国家別制限を撤廃したことがきっかけだった。改正移民法が韓国で適用された六八年から、韓国の海外旅行自由化が実施された八九年までの移民の数は、韓国外交部に申告された数だけで五五万三七九七人にのぼる。

しかしアメリカ移民の数は、一九九〇年から急激に減少しはじめた。八九年に二万一三三六人だったのが九九年には五三六〇人まで減っていた。その代わり、アメリカから韓国に戻るいわば「逆移民」が増えた。逆移民の増加は、六〇年代から七〇年代にかけて本格的な産業的近代化へと入った韓国の高度成長に対応するような動きだった。実際、八九年に五七三六ドルだった一人当たり国内総生産(GDP)は、九九年に一万四一〇ドルにまで増加していた。

逆移民のなかには、幼い頃にアメリカに渡った者やアメリカで生まれた移民二、三世もたくさん含まれていた。多くの若者が、ロサンゼルスやニューヨークなどで享受したブラックミュージックとその文化を身につけていた。

現代化された九〇年代の韓国は、彼らが活躍するには最適の場所だった。アメリカで経験した人種差別や文化的差異による違和感の代わりに、大衆の憧れと好奇心が彼らを迎えた。

何よりソテジワアイドゥルの人気が物語っているように、韓国の若者たちはラップという新たな表現に対する感度が高かった。アメリカ帰りの彼らによって披露される本場のブラックミュージックを受け入れる素地ができていたのだ。

韓国以外のところで生活する韓国人を「僑胞《キョポ》」という(日本なら「在日僑胞」)。「在米僑胞」ミュージシャンたちは韓国のポピュラー音楽に溶け込んでいった。その多くがブラックミュージックの「真正性」を訴えることで、自分の価値を差異化しようとした。

その一人が、一九九一年にデビューした**イ・ヒョヌ**(**이현우**)。一九六六年ソウル生まれのイは、中学時代に渡米し、アメリカの大学を卒業した後に韓国へ戻り、ソロ歌手としてデビュー

した。

デビューと同時に彼が掲げたのは、デビューアルバム『Black Rainbow』というタイトルからわかるように、「リアルなブラックミュージック」だった。大ヒットしたデビュー曲「夢(꿈)」は、同じくアメリカに移住したキム・ホンスン(김홍순)が共同作曲している。小学校時代に渡米し、ニューヨークの音楽大学を卒業したキムは、ヒップホップの導入を主導した一人でもある。

ある音楽雑誌は、イ・ヒョヌのデビューアルバムを次のように紹介している。


イ・ヒョヌは、一〇年間のアメリカ留学生活をつうじて、ブラックミュージックの体験的教育を受けてきた。今回のデビューアルバムは、他の歌謡アルバムでは見られないレコーディング作業の二元化、国内初のマスタリング作業、ミュージックディレクターの二元化など、新たな試みで注目を集めている。(『月刊フォトミュージック』一九九一年二月)

「リアルなブラックミュージック」を披露するということは、アメリカにおける「最新の感覚」の紹介と、「先端の技術」の導入という二つの意味をもっていたのだ。

このように一九九〇年初頭から、K－POPの重要な特徴（韓国語ラップ＋音楽的・人的混淆）が築かれはじめた。本書においても、いわゆる「僑胞」がメンバーとして加わっているグループ（H.O.T.、少女時代、神話など）や、外国人メンバーが活躍しているグループ（EXO、f(x)、TWICE、BLACKPINKなど）がたくさん登場することになるだろう。

しかし同時に看過してはならないのは、「リアルなブラックミュージック」をウリにしたミュージシャンのなかでは、イ・ヒョヌのようにK－POPにうまく定着した事例より、いつの間にか去っていった事例のほうが圧倒的に多かったということである。

成功事例の多くは、国内のミュージシャンとグループを組んだり、韓国歌謡の要素を積極的に取り入れたりした柔軟なミュージシャンだった。重要なのは、たんに「オリジナル」を持ち込むことではなく、韓国語ラップのような、「韓国的な感覚」との接合だった。

K－POPを分析するさい、その成功法則の一つとして、海外出身のミュージシャンの存在、つまり現地の言語や文化に慣れている人をメンバーとして取り入れるグローバル戦略が取り上げられることがある。しかし、この説明は十分ではない。K－POPのグローバル戦略の核心は、単純に「K」が「POP」を受容することにあるのではなく、「POP」が「K」の感覚によって解釈され、変奏され、再生産される点にあるのだ。

実際、いまのK－POPのなかで最も「グローバルな人気」を誇っているBIGBANGやBTSは、メンバー全員が国内出身で構成されている。BIGBANGのプロデューサーであるヤン・ヒョンソクやBTSのプロデューサーであるパン・シヒョクも、国内出身のミュージシャンである。いくら「本場の音楽」を持ち込んでも、「韓国的感覚」とうまく混淆しなければ成功することができないということを、K－POPの歴史は物語っているのだ。

韓国語ラップの定着

そもそも七〇年代にニューヨークのスラムで生まれたヒップホップは、アメリカ社会で差別と貧困、暴力に苦しんでいた黒人たちの意識と感情、そしてアメリカ社会での成功と豊かな生活を夢見る欲望を投影するものだった。そのヒップホップの感覚は、エミネムのような白人ラッパーからもわかるように、黒人以外の誰が歌っても簡単に変わるものではない。

しかし韓国においてヒップホップの受容は、高度成長が黄金期を迎えた九〇年代の中産階級の若者によってなされた。つまりヒップホップは、差別と貧困ではなく、豊かさと新しさを表す感覚として溶け込んだのだ。

いまのK－POPにおけるラップ・ヒップホップは、抵抗や社会性というより、ソフトなラブソングや個人の小さな物語に偏っている。その背景には、長い検閲によって抵抗や社会性が排除された韓国歌謡の歴史と、九〇年代におけるラップ・ヒップホップ受容のあり方という二つの文脈がある。

したがって、初期の韓国語ラップにおいて最も重要な課題とされたのは、メッセージをいかに効果的に伝えるかということではなく、韓国語を使っていかにラップらしく表現するかということだった。

韓国語は、英語とは違って、一つの音節で一つの音が完結する特徴をもつ。「McDonald」という言葉を例にとってみよう。日本語では「マクドナルド」という六音節で表現される（これはこれで日本語ラップの難しさであるが）このハンバーガー屋の英語の発音は、最後の「d」がほぼ発音されず三音節に近い。それも「Do」のところにアクセントが置かれるため、「Do」の音だけが強く、そして若干長く発音される。これを韓国語で発音すると、「Mc」「Do」「nal」「d」にそれぞれ母音が与えられ、同じ長さと強さをもつ独立した四音節になる。

もう一つ、「Girl」という単語はどうだろうか。韓国語の子音は、日本語同様「R」と「L」の区別がない。英語の場合、「ir」のところは、長い母音になり、しかもアメリカ英語の場合は「r」の発音が強調される。しかし韓国語では、「ir」の長い母音や「r」の発音も、他の音と同じ長さの一音節で発音される。

このような理由から、初期のラップファンのなかでは、「韓国語はラップに向いていない言語ではないか」というのが議論の的となった。

しかし九〇年代のミュージシャンたちは、韓国語の特徴をむしろ柔軟に使うことで、韓国語ラップを違和感なく定着させた。母音の長さと強さを英語の母音のように変化させたり、「R」の発音をあえて韓国語に取り入れたりしながら、音楽のリズムに韓国語ラップを溶け込ませたのである。

当時のアメリカのヒップホップシーンは、ロサンゼルスを中心とする「ウェスト・コースト」とニューヨークを中心とする「イースト・コースト」で分かれていたが、比較的メロディを重視する「ウェスト・コースト」のラップが持ち込まれたのも、韓国語ラップが早期に定着した理由であった。

実際に、ソテジワアイドゥル以降の韓国ポップのメインストリームにおいて、ラップは最も重要な表現手段となった。九〇年代の韓国は、アジアのどこよりも早く、ほぼリアルタイムでアメリカのラップを受け入れた。つまり韓国語ラップの定着は、それまでメインストリームのサウンドを導入するのにタイムラグを必要としていた韓国ポピュラー音楽にとって、転換点ともいえる大きな変化だったのである。

3　韓国歌謡からの脱却

「X世代」の台頭

突然現れた韓国語ラップに、旧世代は動揺を隠さなかった。それは、主流文化として浮上した若者文化に対する懸念や警戒でもあった。韓国歌謡の伝統と秩序を壊す新たなポップミュージックの感覚は、世代間のギャップを広げ、社会の伝統と秩序をも脅かすものとして認識された。

ここでいう世代間のギャップとは、どの時代にも存在する親世代と子世代との乖離や葛藤のことではない。民主化・開放化・国際化といった八〇年代後半からの韓国社会の大転換は、それを経験した各世代に、きわめて大きな認識と感情のギャップを生み出したからだ。「民主化以前の八〇年代に大学時代を送った三〇代が、ラップという一〇代から二〇代向けのポップミュージックと最新の流行に関して、世代差と文化的疎外感を抱いている」(『ハンギョレ』一九九三年一一月二日)という新聞記事は、大げさではなかったのである。

しかし一方で、この衝撃は、新たな生産・消費主体＝「新世代」への期待と希望としても認識された。その「新世代」について語るために、アメリカの「X世代」や日本の「新人類」という言葉が輸入された。

とくにX世代は一九九三年から頻繁に使用されるようになった。そもそもは九〇年代初頭のアメリカで、六五年頃から七九年頃のあいだに生まれた世代を指す言葉であり、アメリカにおいても「理解し難い新世代」と「新たに登場した消費主体」という二つの意味をもっていた。韓国におけるX世代とは、主に七〇年代に生まれ、八〇年代に一〇代を、九〇年代に二〇代を送った世代のことを指す。

このX世代は、民主化以降の初めての若者世代であり、カラーテレビとビデオ、ポータブルカセットプレイヤー、パソコン、ポケベル、インターネット、携帯などを、八〇年代から九〇年代に次々と受容した世代でもある。新たに導入・普及したニューメディアは、九〇年代の新しいポップカルチャーを堪能するための十分な感覚を培った。八九年に自由化された海外旅行を楽しんだ初めての大学生も、この世代である。

教育水準をみても変化は明らかだ。一九八七年に三六・七%だった大学進学率は、X世代という言葉が一般化した九四年に四五・八%へと急増し、九七年には六〇・一%、二〇〇一年には

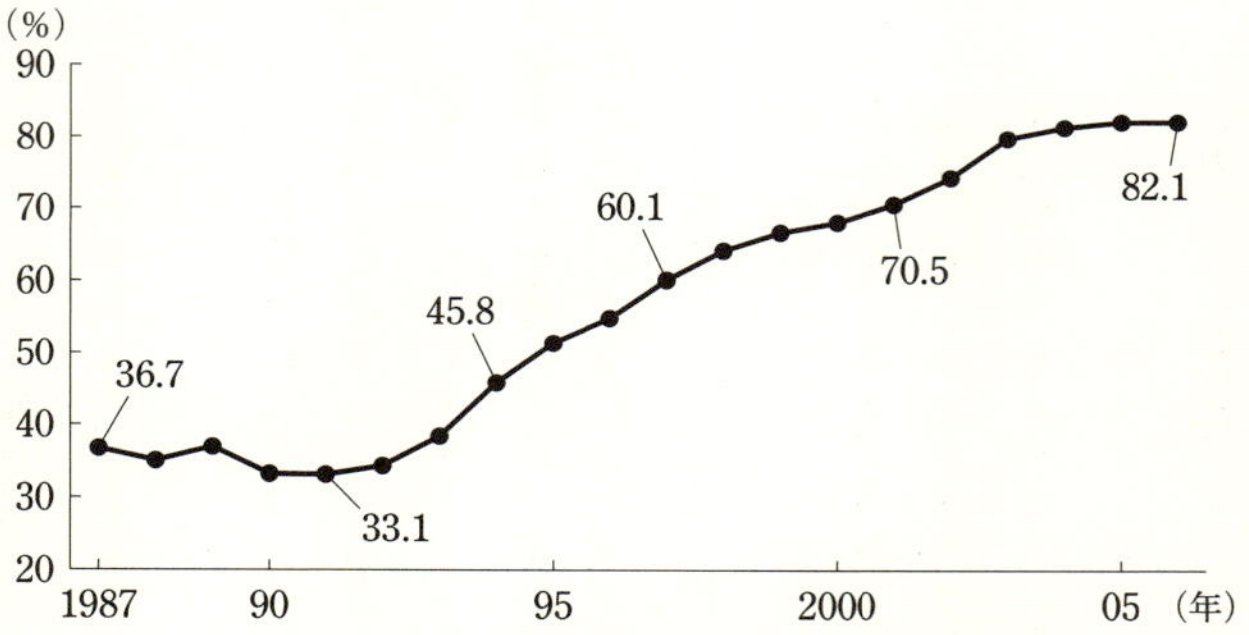

図1　1987年から20年間の大学進学率(韓国統計庁)

七〇％を超えている(図1)。

このX世代以降の若者たちが、韓国ポップの新たな生産・消費主体になったのはいうまでもない。彼らは、同世代の半数以上が大学に進学した初めての世代であり、その高い教育水準は、親世代との文化的乖離を生みつつも、国際的感覚と流行に敏感に反応することを可能にした。何よりこの世代は、最新の文化をリアルタイムで生産・消費するための環境と能力を備えていた。その欲望が最も強烈に表出されたのが、ポップミュージックの世界なのである。

シンガーソングライターの時代

八〇年代までの韓国歌謡を振り返ると、いまの感覚からみてもまったく見劣りしない優れた歌謡曲やミュージシャンがたくさん存在する。数十年間つづいた国家による暴圧的な検閲や統制のもとでも、数々の名曲が生まれていたの

である。しかし、韓国歌謡は産業として体系的に整備されておらず、「タンタラ（딴따라）」という芸能人を見下す言葉が示すように、ポピュラー音楽とアーティストに対する理解は社会に浸透していなかった。

八〇年代後半になると、若いシンガーソングライターが次々とポピュラー音楽界に進出し、新たな風をもたらした。若者にとってポップミュージックを聴くことは、禁止曲の海賊版アルバムを手に入れてドキドキするような特別なことではなく、ラジオやテレビから流れてくる音を楽しむという、ごく日常的で普遍の経験となっていた。

代表的なシンガーソングライターと代表曲の一部を――それを選別すること自体とても難しいことであるが――ここに紹介しよう（年号はデビューした年を指す）。

一九八七年　**ユ・ジェハ（유재하）**「愛しているから」「遮られた道」
一九八八年　シン・ヘチョル（신해철）「悲しい表情をしないで」「Here, I Stand For You」
一九八九年　**キム・ヒョンチョル（김현철）**「春川行き汽車」「月の没落」
　　　　　　イ・スンファン（이승환）「千日の間」「どうして愛がそうなの」
一九九〇年　**015B**「もうさよなら」「新人類の恋」

ユン・サン（윤상）「別れの陰」「遮られた時の合間に」
一九九三年　ユン・ジョンシン（윤종신）「君の結婚式」「Like it」
一九九四年　キム・ドンリュル（김동률）「記憶の習作」「もう一度愛していると言おうか」
ユ・ヒヨル（유희열、TOY）「僕が君のそばで生きていたことを」「熱いサヨナラ」
一九九五年　イ・ジョク（이적）「カタツムリ」「よかった」

彼らの音楽は、その後もドラマや映画の主題歌・挿入歌となることで、韓国社会のBGMとして流通している。K-POPのファンではなくてもドラマや映画をつうじて彼らの音楽を耳にした人が、日本でも少なくないだろう（たとえば、日本でも二〇一三年に公開された映画『建築学概論』ではキム・ドンリュルの一九九四年の曲「記憶の習作」が使われている）。また、二〇一七年に日本でコンサートを開いたイ・スンファン、二〇一八年に日本バージョンのアルバムを発表したイ・ジョクのように、直接日本で活動を行っている者もいる。

九〇年代、この若いシンガーソングライターたちは、まさに広い意味での「アイドル」だった。このなかで、デビューアルバム『愛しているから』を出した直後に事故で夭折《ようせつ》したユ・ジエハと、二六年間音楽シーンをリードしつづけたものの二〇一四年に医療事故で亡くなったシン・ヘチョルを除くと、そのほとんどが今も先端のミュージシャン、プロデューサーとして活発に活動をつづけている。

その一人がユン・サンだ。九〇年代の音楽雑誌でしばしば表紙モデルとして登場し、若い女性ファンと音楽マニアの両方に幅広い人気を得ていた。ユンは、シンガーソングライターとして活動をつづけながらも、一九九七年にデビューしたガールグループ**S.E.S.**や、二〇一四年にデビューしたガールグループ**LOVELYZ**（たとえば「Ah-Choo」という曲）のプロデュースを手がけるなど、K‐POPアイドルとも積極的に交流してきた。幅広い活動の経験をもつユンは、二〇一八年四月に平壌《ピョンヤン》で行われた韓国と北朝鮮による南北合同公演のさい、韓国芸術団の代表を務めている。

韓国ポップのフレーム

この若いシンガーソングライターたちの音楽は、**チョー・ヨンピル**（**조용필**）、**トゥルグックァ**（**들국화**）、**キム・ヒョンシク**（**김현식**）など、韓国ポピュラー音楽史を代表する先輩たちからの音楽的影響を受け継ぎつつ、アメリカンポップから、フュージョンジャズ、ラテンジャズ、

日本のシティポップ、ニューエイジ、そしてクラシックまで、幅広い分野を取り入れたサウンドと、新しい感性を刺激する歌詞、伝統から脱した個性ある歌唱法によって構成されており、若いファンから絶対的な支持と共感を得た。

とくに、その多くがいわば名門大学の在校生あるいは卒業生だった彼らの活躍は、学歴を重視する韓国社会で、ポピュラー音楽に対する社会的認識を大きく変えるきっかけとなった。文化産業の位置付けが社会的に高まったのは、高度成長による必然的な側面もあったが、ポピュラー音楽が重要な「専門領域」として認知され、ミュージシャンを「専門職」として尊重する文化が芽生えたのは、彼らの存在なくしては説明できないだろう。

音楽的な面で彼らが果たした最も重要な役割は、現代的感覚のもとで「韓国ポップ」のフレームを完成させたことである。ここでいう「フレーム」とは、あらゆるジャンルの異質なサウンドも「韓国ポップ」として消化する音楽的特殊性のことを意味する。

かつての世代は、海外のポップミュージックを中途半端に模倣することで、むしろそれらに依存していた。しかし、この若いシンガーソングライターたちは、そのような慣行から距離を置き、世界的に流行するさまざまなサウンドをむしろ抑圧なく受容することで、そのサウンドを自分のスタイルとして解釈・変奏することを繰り返した。それによって、アメリカと日本のポップへの依存から脱却し、韓国ポップの音楽的フレームを構築したのだ。

そしてそのフレームのなかで、韓国ポップのサウンドやリズム、メディアやテクノロジー、ファッションとメッセージ、生産主体(ミュージシャン)と消費主体(ファン)の関係まで、あらゆる要素が再構築された。そしてそれは、K－POPの「K」が音楽的に生まれかわり、韓国歌謡から脱却する過程でもあった。

J－POPからの脱却

韓国歌謡が急速に韓国ポップと化していくとき、日本のポップ、つまりJ－POPとの関係が改めて重要な問題として浮上する。

一九四五年から八〇年代までの韓国歌謡において、日本のポップは、輸入禁止がつづいていたにもかかわらず(全面開放の措置がなされたのは二〇〇四年)、アメリカンポップと並んで重要な参照軸だった。日本のポップは、ヤマハとローランドの電子楽器が世界のアーティストを魅了したように、アメリカンポップとは異なる現代的感覚をもつものとして、韓国のミュージシャンたちに多大な影響を及ぼした。

一九九〇年にデビューし、いまも韓国のバラードを代表するミュージシャンとして活躍しているユン・ジョンシンは、二〇一四年のインタビューで次のように述べている。

日本のミュージシャンたちは、七〇年代から八〇年代、とくに八〇年代に、韓国歌謡に絶大な影響を及ぼしました。九〇年代にも編曲家や時代の先端を走る人びとに大きな影響を与えましたし、(自分は)安全地帯というグループがとくに好きで、そのなかでも玉置浩二は、自分が最も影響を受けたミュージシャンの一人です。(「PLAYLIST: YOON JONG SHIN_Artists & Songs」YouTubeチャンネル『1theK』二〇一四年一二月一七日)

実際、玉置浩二、坂本龍一、サザンオールスターズ、山下達郎といったシティポップやニューエイジの作曲・編曲・演奏法をつうじて、多くの韓国ミュージシャンは、「日本的な洗練」ともいえる感覚を身につけていった。

このような動きはテレビ業界でも生じていた。都市空間で暮らす若者の現代的ライフスタイルを描いた『東京ラブストーリー』『101回目のプロポーズ』のような日本の「トレンディドラマ」が積極的に受け入れられた。日本のトレンディドラマの影響を受けた韓国のテレビ業界が、その後、「韓流ドラマ」とも称される独自の世界を築いたことはよく知られている。

しかし、二つの理由で韓国ポップは急速に脱J－POP化していった。その一つは、前述したラップ・ヒップホップの導入をはじめとしたアメリカンポップへの急速な方向転換だ。そして、もう一つの理由は、韓国における消費空間そのものの変化だった。

九〇年代半ばまでのJ－POPの積極的な導入は、韓国ポップを「洗練」させる重要な要素であったが、それは同時に露骨な模倣・剽窃《ひょうせつ》という慣行をうながす側面ももっていた。日本のポピュラー音楽が禁止されているなかで、しかしそれを積極的に模倣・剽窃する慣行に対して、日本の業界の問題意識は徐々に高まっていた。このような慣行に対して韓国国内で最も強く反発したのは、他ならぬJ－POPを積極的に消費するリスナーたちだった。

変化をリードしたのは、九〇年代半ばに流行したパソコン通信（インターネットの前段階のもの）だった。「ポピュラー音楽界にとくに多大な影響を及ぼしている」（『京郷新聞』一九九五年一二月三〇日）とされていたパソコン通信のユーザーたちは、オンライン上での討論や反対運動などをつうじて、韓国ポップの一部でなされていた剽窃の深刻性を訴えつづけた。実際、日本のアイドルグループ忍者の曲「お祭り忍者」（一九九〇年）を剽窃したと批判されたダンスグループの**ルーラ**（**Roo'Ra**）が活動休止に追い込まれるなど、その影響力は小さくなかった。

しかしこのような動きは、J－POPの受容を防ぐためのものではなかった。むしろパソコン通信は、X-JAPAN、安室奈美恵、LUNA SEA など、当時人気の高かったミュージシャンが盛んに受容され、ファン活動が行われていた空間だった。

このことは、韓国ポップが韓国歌謡の長い慣行からの脱却を求めていたことを、象徴的に示す重要な事例である。そして韓国のポピュラー音楽は、新たな次元に向かいはじめる。

４　K－POPの誕生

マネージメント・システムの確立

K－POPに詳しい人なら、自分が興味をもつミュージシャンについて語るさい、必ず確認することがあるだろう。それは、どの会社に所属しているのかだ。SMか、YGか、それともJYPか。

K－POPにおいてマネージメントの影響力がいかに大きいのかを、ファンは理解している。音楽性とパフォーマンスはもちろん、ファッションや活動方式、そしてファンとの関係まで、あらゆる要素が所属事務所のマネージメントによって大きく左右されるからだ。

とくにアイドルのマネージメントは、K－POPの核心であるといえよう。かつての韓国音楽産業は、個々のミュージシャンとプロデューサーに依存する古い生産方式がとられていた。しかし、九〇年代半ばになり、事務所に所属する複数のミュージシャンの管理運営を体系的に統括する新しいマネージメント・システムが実現した。

本格的にシステムを確立したのは、二〇一八年現在、BoA、東方神起、Super Junior、少女時代、EXO、f(x)、Red Velvet、NCTなどのK-POPアイドルが所属しているSMエンターテインメントだった。

七〇年代に歌手・司会者として活動したイ・スマンは、八〇年代にアメリカへ留学していたとき出会ったMTVをつうじて、「観る音楽」やアイドルの魅力と可能性に目覚めたという。その後、八九年に韓国で「SM企画」という会社を立ち上げ、音楽マネージメント事業をはじめた。

翌九〇年、ヒョンジニョングァワワというグループ名でデビューしたヒョン・ジニョンは、SMがつくり出した第一号のミュージシャンだった。数年間のトレーニングを経てデビューした彼は、ヒップホップのサウンドとパフォーマンス、ファッションをウリに、一〇代のファンを中心に高い人気を得た。ある意味、「韓国のマドンナ」として紹介したキム・ワンソンとも近い存在だったといえよう。

韓国型マネージメント

ＳＭ企画という会社名が「ＳＭエンターテインメント」に変わった一九九五年頃から、現在のＫ－ＰＯＰの原型となるマネージメントがＳＭによってはじめられた。ちょうどそれは、本書で述べてきた、韓国歌謡から韓国ポップへの移行がほぼ完成した時期だった。

ＳＭは、アメリカと日本の異なるアイドル・マネージメントの方法を選別的に受け入れたうえで、独自のシステムをつくり出した。

アメリカにおいて現代型のアイドル・マネージメントの出発点となったのは、有名プロデューサーであるモーリス・スターが手掛けた黒人五人組ボーイバンド「ニュー・エディション」（一九八三年デビュー）と、その「白人版」としてつくられた「ニュー・キッズ・オン・ザ・ブロック」（一九八六年デビュー）であろう。

当時モーリス・スターは、アメリカ中から才能あるメンバーを集めて育て上げ、「観る音楽」時代の徹底したメディア戦略をつうじて、一〇代の女性ファンをターゲットにした「ボーイバンド」という概念を確立し、その市場を開拓した。ＳＭは、そのプロセスを積極的にベンチマークした。

もう一つの参照軸となったのは、日本のジャニーズのアイドル・マネージメントだった。SMAP、TOKIO、V6など、九〇年代にデビューしたボーイバンドはその重要な対象だった。もちろん、一九八七年にデビューしたソバンチャが少年隊をほぼそのまま受け入れていたときと比べると、その参照の方法は大きく変化を遂げていた。このときSMがジャニーズから学んだのは、音楽的な面というより、歌手とタレント、映画とテレビを横断するような活動方式や、メンバーをできるだけチームとして管理する方式など、運営的な面が大きかったといえよう。

たとえば、韓国のアイドルはデビュー前に数年間にわたって「練習生」と呼ばれる期間を過ごし、歌とパフォーマンスの徹底したトレーニングを受ける。これは、ジャニーズ事務所のアイドル予備軍、つまり「ジャニーズJr.」のシステムと類似している。しかし、練習生の過程で身につける音楽的な中身はアメリカの感覚に近い。ただし、練習生をとりまく環境などは韓国文化が色濃い。ボーカルトレーニングから数種類のダンスレッスン、演技や語学教育までぎっしり詰まっている練習生の一日のスケジュールは、韓国の教育環境に近いものがある。

つまり、K－POPのマネージメント・システムは、アメリカと日本、そして韓国の感覚が重層的に絡み合うかたちでつくり出された。つねに世界の流行に合わせて変容し、再編されつづけるこのシステムは、K－POPがグローバルに展開するための基盤となった。

H.O.T.——K－POPアイドルの典型

本書で「K－POPの基準点」として紹介したソテジワアイドゥルが引退を発表した一九九六年、世代交代を告げるかのように、ある五人組のボーイバンドがデビューした。SMエンターテインメントが送り出した**H.O.T.**（エイチオーティー）だ。

H.O.T. の意味は「High Five of Teenagers」。その名の通り彼らは「一〇代の代弁者」を名乗り、一〇代を中心とした女性ファンの圧倒的な支持を得た。

デビューアルバムから計五枚のアルバムで約六〇〇万枚の売り上げを記録した彼らは、五年間の活動をつうじて、それまでの「アイドル」に対する偏見を払拭してみせた。

とくに一九九九年にソウルオリンピック主競技場で開催された単独コンサートは、業界に衝撃をあたえた。スティービー・ワンダー（一九九五年）とマイケル・ジャクソン（一九九六年）につづき、国内ミュージシャンとしては初めてのことだ。H.O.T. はそこで簡単に四万五〇〇〇人の観客を動員したのである。安定した歌とパフォーマンスを披露するその姿は、アイドルがもつ音楽的能力や産業的波及力を広く認識させた（息の合ったシンクロダンスを意味する「カルグン

ム（칼군무、刀群舞）」という言葉もこの頃から使われはじめた）。

彼らが活躍していた一九九六年から二〇〇一年は、韓国のポピュラー音楽界が存続の危機にさらされた時期だった。九七年には韓国経済に大きな打撃を与えたアジア通貨危機が発生し、その衝撃は音楽市場にも及んだ。さらに、MP3音楽ファイルのダウンロード販売が普及しはじめた頃であり、音楽産業は構造的変化にさらされた。

しかしH.O.T.は、経済不況に屈しない献身的なファンダムの力によって危機を生き抜いた。しかも、国内市場のみならず海外市場へと展開していき、韓国音楽産業のあり方そのものを再編させた。つまり、海外で「韓流」として発見されることで、それまで韓国ポップが経験したことのない規模の新しい市場とファンダムを獲得したのだ。

一九九九年に中国の『北京青年報』が「韓流」としてH.O.T.の人気を伝えており、二〇〇〇年に北京工人体育館で開催されたコンサートでは、一万二〇〇〇枚のチケットが完売となった。

このH.O.T.の成功以降、一九九七年デビューのSechs Kies（ジェクスキス）、S.E.S.、一九九八年デビューのFin.K.L（ピンクル）、神話（신화）、九九年デビューのgod（ジーオーディー）など、K-POPアイドルの第一世代が次々と登場した。

K-POPファンダム

ここで「ファンダム」について説明しておきたい。H.O.T.の成功だけでなく、その後のK-POPについて語ろうとする場合に欠かせない言葉だ。

ファンダムとは、たんに「文化や商品を受動的に消費するファン」とは区別される。また「fan」に付けられた「-dom」は、「領土」「領域」を意味する接尾辞だ。ここではファンダムを、「ポピュラー文化において、ある特定の対象やテーマに魅了された人びと(ファン)のあいだで築かれた能動的かつ生産的なネットワークとその文化」と定義しておきたい。

そもそも韓国で「集団としてのファン」というのが真剣に注目されるようになったのは八〇年代だった。その対象は、韓国を代表するアーティストであるチョー・ヨンピル。女性ファンを中心にファンクラブが結成されたのも、音楽番組などを通してファンたちの熱狂的な反応が放送されたのも、韓国社会では初めてのことだった。

しかし、アーティストを積極的に消費するだけでなく、より能動的な存在として社会文化的な影響力をもつファンダムが登場したのは九〇年代に入ってからだ。ソテジワアイドゥルの音楽と世界観に熱狂した若いファンたちが、アーティストが体現するメッセージ性や価値観を積極的に代弁する役割を果たしはじめたのだ。自分たちの「領土」を築こうとするかのような闘争的なファンダムは、ソテジワアイドゥルというアーティストのあり方自体にも影響を及ぼしたといえよう。

ソテジワアイドゥルのファンダムが韓国社会に「ファンダム」という存在を根付かせたとするならば、「K-POPファンダム」という特殊性を定着させたのはH.O.T.のファンダムだった。その最大の特徴は、「全国的な組織化」にあった。それは、インターネットを用いた積極的な情報共有が可能になった九〇年代後半ならではのことだった。

H.O.T.のファンクラブ「Club H.O.T.」は、事務所との緊密な関係をつうじて、会費を納付する有料会員と無料会員から成る体系的な会員システムを築き上げた。その数は有料会員だけでも一〇万人を超えており、会員たちは最前線で文字通り献身的なファン活動を行った。

その活動は、ファンの存在そのものを積極的にアピールするものだった。「Club H.O.T.」のファンたちは、音楽番組やコンサートなどでファンクラブを象徴する色(白)の応援道具(たとえば風船)を用いたり、歌の合間に応援文句(主にメンバーの名前や歌詞)を叫んだりしながら、多数のファンの存在を組織的に視覚化・聴覚化した。

テレビやインターネットなどをつうじて示されるファンダムの存在感は、音楽ランキングの数字とともに、アーティストの人気度を表す尺度となっていった。それによって音楽・メディア業界のマーケティング戦略が大きく変わったのはいうまでもない。アーティストにとっても、ファンダムは、自分たちの音楽と世界観を共有し支えてくれる、最も重要な対象となっていった。

このような組織化された献身的なファンダムは、H.O.T. 以降、K－POPを構成する主な要素の一つとなった。新しいソーシャルメディアの登場は、ファンダムの組織化とアーティストとのコミュニケーションをさらに進化させた。BTS の「A.R.M.Y」、EXO の「EXO-L」など、いまのグローバルなK－POPファンダムの歴史は、まさにここからはじまったといえる。

K－POPの「誕生」

H.O.T. には、いまのK－POPアイドルの典型的な要素がいくつも見てとれる。

(1)歌、ラップ、ダンス、スター性を含む総合的トレーニング
(2)ブラックミュージックの影響を受けたサウンドと韓国語ラップ
(3)派手な集団パフォーマンス(カルグンム)

（4）視覚的魅力や物語性を極大化させたミュージックビデオ
（5）若者を代弁する社会性の高い歌詞
（6）海外出身のメンバーの存在
（7）献身的なファンダム
（8）海外での高い人気

一九九二年のソテジワアイドゥルが韓国語ラップとヒップホップ文化を定着させ、韓国のポピュラー音楽の新しいページを開いたとするなら、彼らが解散した九六年にデビューしたH.O.T.は、K－POPという新しい音楽・産業モデルを提示することで、さらに次のページを開いたといえよう。その意味は、大きく三つにまとめられる。

一つは、国内音楽産業のかたちを大きく変えたことである。

CD市場とテレビ放送という既存のメディアに依存していた韓国の音楽産業が急速に変容していくなかで、H.O.T.は、「総合的なエンターテインメント」という新しいかたちを定着させた。それは、これまでのオーディエンスのあり方とは異なる、献身的なファンダムにもとづくものだ。

二つ目は、海外からの「発見」だ。

それまで韓国ポップは、海外のサウンドとファッションを積極的に取り入れはするものの、根本的には国内の市場をターゲットにしていた。しかしH.O.T.の成功で、国内外の境界は曖昧になり、その両方で通用する、より普遍的魅力が求められはじめたのである。H.O.T.以降、海外の市場とファンダムを最初から念頭においた企画システムが本格化した。

三つ目は、K-POPという世界の音楽的・産業的・社会的意味を提示したことである。H.O.T.がデビューした一九九六年は、ソテジワアイドゥルの元メンバーであるヤン・ヒョンソクがYGエンターテインメントを、九〇年代の人気ミュージシャンだった**パク・ジニョン**(**박진영**)がJYPエンターテインメントを立ち上げ、SM、YG、JYPという「三大エンターテインメント」体制が誕生した年でもあった。

H.O.T.の大成功によってK-POPの世界市場が拡大していく可能性に気がついたSMとYG、JYPにとって、お互いは熾烈《しれつ》な競争の相手であると同時に、K-POPの世界市場をともに拡張させていかねばならない同業者でもあった。現在、それぞれ異なる会社に所属しているアイドルたちが世界の「K-POP・ステージ」をともに回るのが当然の風景になっている。そのような感覚がこの時期に生まれたといえよう。

これ以降K－POPは、たんなる韓国ポップの一名称にとどまらない音楽的・産業的・社会的拠点として機能していく。

こうしてK－POPは誕生した。

第2章
K-POPの拡張
グローバル化の構造

2015年，台湾で開催されたBIGBANGのコンサート
(Photo/Getty Images)

1　日韓の音楽空間がもつ意味

J-POPの相対概念としてのK-POP

そもそもK-POPという言葉は、J-POPの相対概念としてつくられた。

J-POPは、日本がバブル景気の最盛期にあった一九八八年頃に「世界と肩を並べる日本のポピュラー音楽」という認識のもと、ポピュラー音楽やメディア関係者によってつくられた用語である。

ウィキペディアの「J-POP」の項目の冒頭に書かれている「日本で制作されたポピュラー音楽を指す言葉」という定義が違和感を与えないくらい、この言葉は「日本のポピュラー音楽」を幅広くカバーする意味で使われてきた。つまりJ-POPは、根本的には自己を規定するための言葉なのである。

それに対しK-POPは、他者を規定するためにつくられた言葉だった。

九〇年代後半に中国や台湾を中心とする東アジアで韓国のドラマやポップの人気が拡大するなか、「韓流（Korean Wave）」という言葉が中国でつくられた。K-POPも、韓国ポップを指す言葉として日本を中心に使われはじめた。

二〇〇一年にはすでに『K-popstar』という雑誌が日本で創刊されている。二〇〇二年頃からは新聞でも「Kポップ」という言葉が使われはじめた。すでにJ－POPが東アジアを中心に幅広く消費されていたこともあり、日本人だけではなく世界の人びとにとってわかりやすい言葉だっただろう。

アジアで「韓国ブランド」の台頭が目立つ。アジア市場を席巻してきた日本の家電や音楽ソフトのブランド力低下と反比例する形だ。携帯電話、テレビ、冷蔵庫、洗濯機などで韓国メーカーがシェア（市場占有率）を伸ばし、CD店では「Jポップ」より「Kポップ」に若者の人気が集まる。アジアで培ってきた日本ブランドの価値が韓国製に脅かされている。

（『読売新聞』二〇〇三年一二月七日）

二〇〇〇年代に入ると、韓国国内でもK－POPという言葉が用いられはじめた。「日本で人気を得ている韓国のポピュラー音楽を指すK－POP」（『聯合ニュース』二〇〇一年四月四日）という新聞記事のように、「日本やアジアで消費されているいわゆるK－POP」という意味で使うのがほとんどだった。BoAや東方神起の登場によって韓国ポップの人気がますます高まり、Ｋ－ＰＯＰという言葉が欧米のメディアでも使われはじめた二〇〇四年前後になると、「Ｋ－」という形容詞はさまざまな名詞に使われるようになった。

Ｋ－ＰＯＰの定義

韓国の代表的なシンガーソングライターの一人であるキム・ドンリュルは、二〇〇一年に「南米のラテンポップ、日本のＪポップがもつ固有色に対し、韓国のＫ－ＰＯＰはどうなのかを模索している」とし、「いまだにＫ－ＰＯＰの具体的な実体はわからない」（『東亜日報』二〇〇一年一一月一四日）と述べている。このことからわかるように、他者から与えられたＫ－ＰＯＰというラベリングの意味を自ら定義することは容易ではない。

二〇一二年に「Ｋ－ＰＯＰ」という単語を掲載した『オックスフォード英語辞典』をみてみよう。この辞典はＫ－ＰＯＰを「コリアン・ポップ・ミュージック（Korean pop music）」と簡略に定義している。この「ポップ（pop）」という言葉は、「ポピュラー（大衆向けの）」の意味と、ロック、フォークのような一つのジャンルとしての「ポップ」の意味をもつ。したがって、この定義は、次のような二つの意味に分けて理解することができるだろう。

・韓国でつくられたポピュラー音楽
・韓国のポップ

韓国国内では、その定義の難しさから、結局「誰のためにつくられた音楽なのか」という側面が注目される。たとえば、韓国の音楽学者である申鉉準《シンヒョンジュン》は、「J－POPが日本のポピュラー音楽全体を含む反面、K－POPは韓国のポピュラー音楽の一部だけを含み、海外に輸出される音楽だけがK－POPという名をもつ」とし、K－POPを「韓国ではない国々のために韓国でつくられたポピュラー音楽」として定義している。

しかし実際のところK－POPは、「一部」というよりもまさに韓国のポピュラー音楽の主流そのものとして消費されている。その圧倒的な占有率は、音楽産業の不均衡の象徴として指摘されるほどだ。また、韓国で最も大きな書店である「教保文庫」が経営するCDショップ「HOTTRACKS」に行ってみると、「韓国のポピュラー音楽」という意味で「K－POP」という用語が使われている。「海外に輸出される音楽だけがK－POPという名をもつ」ならば、このような風景をみることはできないだろう。

CDショップ「HOTTRACKS」のK-POPコーナー（筆者撮影）

もちろんこのような定義の難しささえも、K-POPそのものがもつ特徴なのかもしれない。K-POPは、それを定義した瞬間、それを否定するかのように新たな方向へ動き出してきたからだ。

日本のポピュラー音楽は自らをJ-POPと規定したときから、（依然としてCD販売に依存することをはじめ）Jの世界の秩序と感覚を原動力とするようになった。それに対してK-POPは、他者によって規定されたそのときから「K」をめぐるあらゆる境界と秩序を解体しつづけることを原動力にしたといえる。

チョー・ヨンピルからBoAまで

二〇〇〇年に、BoAという名の一四歳の女性アイドルが現れた。

韓国でデビューした彼女は、当時のアメリカンポップでいえばブリトニー・スピアーズ、J-POPでいえば安室奈美恵のような存在として育てられた。

デビュー前にBoAは、SMエンターテインメントのもとで三年間の歌やダンス、日本語と英語を含む総合的なトレーニングを受けていた。そこでヒップホップ・ダンスとR&B風の歌はもちろん、日本のバラエティ番組に生出演することができるほどのコミュニケーション能力を身につけた。

BoAは、ファーストアルバム『ID: Peace B』と、日本でも大ヒットし韓流の先駆けとなった映画『シュリ』のカン・ジェギュ監督がつくったミュージックビデオで、華麗な韓国デビューを果たした。そして翌二〇〇一年には日本でデビューを果たし、六年連続の「紅白」出場（二〇〇二〜〇七年）、オリコン・アルバムチャート六枚連続一位（歴代第二位）など、数々の記録をつくり上げた。

BoAが現れるまで、日本で最も成功した韓国出身ミュージシャンは、いうまでもなくチョー・ヨンピルだった。一九七五年にソロデビューし、八〇年代の「韓国歌謡」を代表するスーパースターだったチョー・ヨンピル（韓国内での彼のニックネームは「歌王」である）は、八二年に日本でデビューし、八七年から九〇年まで四年連続で「紅白」に出場するなど、日韓で大きな成功を収めている。「釜山港へ帰れ」をはじめ、日韓での数々のヒット曲は、両国の文化交流の象徴でもあった。日本のポピュラー文化の輸入が禁止されていたことを考えれば、チョー・

ヨンピルは戦後の日韓が共有した初のポップスターだったともいえよう。

チョー・ヨンピルが日本で活躍していた頃は、韓国歌謡が日本で最も注目された時期でもあった。一九八九年の「紅白」に韓国出身のミュージシャンが四人も出場しているのは、二〇〇〇年代の韓流ブーム以降も破られていない記録である。当時「紅白」の舞台にあがったのは、チョー・ヨンピル(三回目)、ケイ・ウンスク(二回目)、キム・ヨンジャ(初出場)、そして第1章で紹介したパティ・キム(初出場)。いずれも歌謡曲の歌手である。そして九〇年の「日本レコード大賞」で最優秀歌謡曲新人賞を受賞したヤン・スギョンを最後に、韓国歌謡の日本進出は実質的に幕を閉じた。

韓国歌謡と入れ替わるように台頭した九〇年代の韓国ポップは、日本での人気に恵まれなかった。韓国ポップが日本に進出しなかったからではない。当時の音楽雑誌などをみても、九〇年代後半までの韓国において、日本進出は「世界進出」のような意味をもっていた。それゆえ、一九九四年に日本でアルバム『ソテジ・ワ・アイドゥル』を出したソテジワアイドゥルから、九七年にデビューしたSMエンターテインメントの女性三人組アイドルグループS.E.S.まで、むしろ積極的に日本進出が試みられていたにもかかわらずだ。

改めて考えてみるとチョー・ヨンピルは日本での活動において、彼が本来もっていた洗練されたシンガーソングライターとしての側面を封印していた。チョー・ヨンピルの日本語曲は「日本の歌謡曲」として提供されており、あくまで日本から求められる「韓国歌謡歌手」のイメージに合わせたものだった。

たとえば、チョー・ヨンピルが一九八七年から九〇年まで「紅白」で歌った曲をみてみよう。「窓の外の女」(八七年)、「恨五百年」(八八年)、「Q」(八九年)、「釜山港へ帰れ」(九〇年)は、民謡をアレンジした曲(「恨五百年」)を含めて、すべて伝統的な歌謡曲である。しかし、八〇年代におけるチョー・ヨンピルのヒット曲には、映画『タクシー運転手』のオープニング曲で使われた「タンバルモリ(단발머리、短髪)」(七九年)をはじめ、「コチュジャムジャリ(고추잠자리、赤とんぼ)」(八一年)、「未知の世界」(八五年)、「モナリザ」(八八年)など、ロックやポップのサウンドを前面に出した曲も数多い。つまり、ジャンルを問わない幅広い音楽世界が、日本では部分的にしか受け入れられなかったのである。

しかし、九〇年代の韓国ポップは違う道を選んだ。たとえばソテジワアイドゥルは、日本版アルバムに韓国語ラップと歌をそのまま載せることを日本進出の条件としてあげるなど、韓国ポップとしての日本進出にこだわった。ソ・テジをはじめ、九〇年代に日本進出を試みた韓国ポップのミュージシャンたちは、ラップやヒップホップ、R&Bなど、世界的に流行するサウンドをアジアで成功させたという自信に満ちていた。

結果的に、九〇年代における韓国ポップの日本進出は失敗に終わった。アメリカにつづく世界第二位の規模をもち、世界の流行とは異なる独自の感覚で動いていた日本音楽市場の壁は厚かったのだ。

したがってBoAの成功は、韓国のポピュラー音楽がK-POPという新しいかたちで、チョー・ヨンピル以来の日本進出を果たしたことを示していた。

BoA――日韓の音楽空間

二〇〇四年の「MTVアジア・アワード」は、BoAに対して「日韓代表」という前代未聞のタイトルを与えた。この表現に違和感を覚える人はいないだろう。BoAは日韓の音楽空間がともに生み出したアイドルであり、日韓の音楽空間を自ら更新しつづけたミュージシャンでもあった。

BoA以前の、H.O.T.にいたるまでのK-POPの形成過程は、さまざまなサウンドとファッション、人の移動と混淆による「メルティングポット(るつぼ)」のようなものだった。九〇年代末から急速に増加したアジアのK-POPファンたちは、同じアジアの言語で歌われるラップとヒップホップに熱狂した。あらゆる要素が混じり合った「メルティングポット」をそのまま消費したのである。

しかし、日本におけるＫ－ＰＯＰの受容は選別的なものだった。日本の大衆はそのサウンドとスタイルには反応しつつも、あくまでＪ－ＰＯＰというフレームに合わせて楽しもうとした。そして、日本におけるＫ－ＰＯＰは、BoAの成功をつうじてＪ－ＰＯＰという「サラダボール」の一ジャンルとして浸透し、定着した。

このような経験は、そのままＫ－ＰＯＰの新たな「かたち」をつくり上げた。日本進出にさいしては日本語の歌詞を付け日本語での活動を行うという、いわゆる「ローカル化」方式だ。アメリカン・ミュージック・アワードをはじめ、アメリカのテレビ放送でも韓国語のラップと歌を披露したBTSが、日本語版のＣＤを制作し、『ミュージックステーション』で日本語のラップと歌を披露するのも、BoAからはじまったこの方式ゆえである。

BoAの成功がもつ、もう一つの重要な意味がある。ふたたび八〇年代のチョー・ヨンピルの成功を例にとろう。彼の成功は、日本の歌謡ファンの嗜好やステレオタイプな韓国認識に合わせて曲を選別した結果だった。そこに、日本の歌謡と韓国の歌謡との序列意識のようなものが存在していたことは否定できないだろう（もちろん日本でヒットした彼の歌の評価を格下げしようというわけではないが)。

だからこそ、韓国版ブラックミュージックで「日本進出」を図った九〇年代の韓国ポップには、韓国歌謡の経験からの反動という側面があった。そこには、普遍的なポップに近い洗練されたサウンドとスタイルとして韓国のポピュラー音楽を日本の市場に売り出すことで、それまでとは異なる韓国イメージを築こうとする欲望が刻まれていた。つまり九〇年代の韓国ポップの欲望には、韓国歌謡の時代とは異なるものではあるが、依然としてある種の序列意識(コンプレックスと優越感という両方の意味)があったのだ。

しかしSMエンターテインメントとエイベックスがともに育て上げたBoAは、それまでのような序列意識とは無縁だった。同じ曲、同じダンスが日韓の言語で披露されるステージは、どちらかの音楽的優越性を示すものでもなければ、「日韓友好」のような過剰な位置付けもされてはいなかった。そこにはBoAというミュージシャンとその音楽だけが存在した。そのフラットな音楽空間を当たり前のように受け入れられる感覚は、BoAによってもたらされたといえる。二〇〇〇年代からのK-POPは、J-POPとK-POPのあいだに開かれたフラットな音楽空間とともに拡張しつづけてきたのだ。

彼女は二〇〇九年に韓国人ミュージシャンとしては初となるビルボード・アルバムチャート

へのランクイン（一二七位）を果たす。また二〇一八年現在も、アルバム『私このままでいいのかな』（日本）と『ONE SHOT, TWO SHOT』（韓国）を発表し、依然として活発な活動を繰り広げている。

東方神起――Ｋ－ＰＯＰのかたち

BoAにつづき、二〇〇四年に韓国、二〇〇五年に日本でデビューした五人組ボーイバンドの東方神起（英語名TVXQ!）は、Ｋ－ＰＯＰの「かたち」をより明確にした存在といえる。

二〇〇四年は、レコード業界が不況に苦しんだ年だった。年間売り上げ一位のアルバムとなったソ・テジの『Seotaiji 7th Issue』ですら四八万枚の売り上げにとどまっていた。そんなとき東方神起は、デビューアルバムの『TRI-ANGLE』が二四万枚、シングル三枚を合わせて四五万枚の売り上げを記録し、鮮烈なデビューを果たした。そしてデビュー三年目となる二〇〇六年には、アルバム『"O"―正・反・合』で年間売り上げ一位（三五万枚）を獲得しただけでなく、韓国の四大音楽賞の大賞を独占し、韓国ポップ界を席巻した。

二〇〇七年から本格的な活動を展開した日本においても、二〇〇八年のシングル「Purple Line」がオリコンチャートで一位を獲得して以来、海外歌手としては最多となる一二作のオリコン・シングルチャート一位を獲得するなど、グループとしては初めて日韓で成功を収めた韓国出身ミュージシャンとなった。

K-POPにおける東方神起の重要性は、SMエンターテインメント所属のアイドルの系譜をみれば明確である。

東方神起は、一九九六年のH.O.T.から考えると、S.E.S.(一九九七年)、神話(一九九八年)、Fly to the Sky(一九九九年)、BoA(二〇〇〇年)の次にデビューした。その後に、Super Junior(二〇〇五年)、少女時代(二〇〇七年)、SHINee(二〇〇八年)、f(x)(二〇〇九年)、EXO(二〇一二年)、Red Velvet(二〇一四年)、NCT(二〇一六年)がつづいている。

K-POPのアイドルグループに「世界的」という形容詞が付くようになったのは、東方神起からだった。二〇〇八年からはじまったSMエンターテインメントの所属ミュージシャンによるコンサート・ツアー「SMTown Live」(二〇一〇年からは「SMTown World Tour」)の先頭に立っていた東方神起は、長年にわたりSMのブランドそのものを牽引した。

K-POPの空間としてのドームツアー

K-POPに「世界的」という形容詞を与えた東方神起は、K-POPのかたちに二つの大きな転換をもたらした。

東方神起によるその転換の一つめは、Ｋ－ＰＯＰアイドルとして初の「ドームツアー」を実現させたことである。東方神起は、二〇〇九年に五人体制で二度の東京ドームコンサートを、二〇一三年に二人体制で「五大ドームツアー」を成功させている。二〇一三年に動員した観客数八九万人は、EXILE（一一二万人）につづく第二位の記録だった（『NIKKEI STYLE』二〇一三年九月二三日）。Ｋ－ＰＯＰが日本のミュージシャンに劣らない観客動員力をもっていることを業界に認識させたのである。

そして東方神起を起点に、多くのＫ－ＰＯＰアーティストが高いコンサート動員力を記録してきた。実際に、東方神起が「五大ドームツアー」を行った二〇一三年以降のＫ－ＰＯＰアーティストによるコンサート動員数（五〇位以内）をみると、Ｋ－ＰＯＰが毎年三〇〇万から四〇〇万人前後の観客を動員してきたことがわかる（表2）。

二〇一五年、日本におけるコンサート市場の規模（三一八六億円）は、音楽ソフトと有料音楽配信を合わせた売り上げ（三〇一五億円）を逆転している（『NIKKEI STYLE』二〇一六年一二月六日）。コンサート動員力が、いまの音楽産業においてはＣＤの売り上げ以上に、アーティストの人気を示す重要な尺度となったのである。これは世界的な流れでもある。そのなかでも一回で三万人から五万人の動員を要するドームコンサートを安定的に行うことは、限られたトップアーティストだけに許されたことであろう。

つまりドームコンサートの実績は、K－POPミュージシャンが日本でトップアーティストとしての市場の基盤を固めたことを証明していた。とくに日本語の歌詞で曲を発表し、ドームを含む大規模なコンサートをコンスタントに行うという活動のかたちは、それまで日本を訪れていた海外のアーティストとは異なるものだった。「海外のアーティスト」でありながら同時に「国内のアーティスト」と変わらないかたちで活動することで、日本で根強いファンダムを獲得することができたのだ。

こうした「ドームツアー」が象徴するK－POPの転換は、もう一つ別の意味をもっていた。東方神起が初のドームツアーを行った二〇一三年は、「歴史問題で日韓関係が冷え込んだあたりから（韓流）ブームはしぼ」んだ時期とされている（『朝日新聞』二〇一八年一月一七日）。その影響はじつに大きく、東方神起や少女時代、KARAが「紅白」に出場した二〇一一年からTWICEが出場した二〇一七年までのあいだ、「紅白」の舞台からK－POPミュージシャンの姿が消えているのは、その一例であるといえよう。そしてその頃には、嫌韓書籍がブームとなり、ヘイトスピーチが広く拡散した。韓流ブームを日韓関係の改善という枠組みのなかで理解

表2　日本におけるコンサート動員数(50位以内)

2013年(300.3万人)	東方神起	89万人 (2位)
	BIGBANG	71.9万人 (5位)
	少女時代	36.8万人(15位)
	G-DRAGON	36.1万人(17位)
	2PM	28.3万人(21位)
	SHINee	22.9万人(29位)
	Super Junior	15.3万人(40位)
2014年(346.6万人)	BIGBANG	92万人 (3位)
	東方神起	69万人 (7位)
	EXO	31.8万人(20位)
	少女時代	30.8万人(21位)
	Super Junior	27.5万人(27位)
	SHINee	25.4万人(29位)
	2PM	20.2万人(34位)
	FTISLAND	17.7万人(39位)
	D-LITE	16.9万人(41位)
	超新星	15.3万人(49位)
2015年(284.9万人)	東方神起	78万人 (6位)
	BIGBANG	70万人 (8位)
	2PM	45.5万人(11位)
	EXO	44.5万人(12位)
	Super Junior	28.8万人(26位)
	CNBLUE	18.1万人(47位)
2016年(380.9万人)	BIGBANG	185.9万人 (1位)
	EXO	46.5万人(11位)
	SHINee	45.8万人(12位)
	iKON	34.1万人(20位)
	2PM	30.7万人(25位)
	BTS(防弾少年団)	20.1万人(39位)
	CNBLUE	18.7万人(42位)
2017年(363.8万人)	BIGBANG	102.2万人 (2位)
	東方神起	57.1万人 (7位)
	SHINee	53.9万人 (8位)
	iKON	46.3万人(12位)
	BTS(防弾少年団)	30.9万人(26位)
	D-LITE	27.3万人(30位)
	G-DRAGON	25.9万人(34位)
	CNBLUE	20.2万人(42位)

出所：『NIKKEI STYLE』2013年9月23日，2014年12月4日，2015年12月28日，2016年12月6日，2017年12月19日

していた主流メディアは、噴出した「反韓（あるいは嫌韓）」感情・言説に基づいて韓流ブームは終わったと考えるようになっていた。そのような表の物語からは、二〇一七年のTWICEやBTSの人気は、当然、唐突なことのように思われただろう。

しかし、すでに二〇一三年から二〇一七年のコンサート動員数で確認したように、そのあいだもK－POPは高い人気を誇っており、ファンダムも隆盛を極めていた。K－POPがすでに、日韓関係から比較的自由な空間を築いていたのである。

つまり二〇一七年からのK－POP人気は、東方神起が築き上げた「K－POPの空間」の延長上で起きた現象でもあるということを看過してはならないだろう。そして、この日本で築かれた「K－POPの空間」こそ、K－POPのグローバルな構造を作動させる軸の一つとなっていく。

「奴隷契約」事件

東方神起の人気は、はからずも大きな事件をもたらした。急速な拡張をしつづけたK－POP業界は、アイドルの法的権利や所属事務所との契約関係の重要性を看過していたのだった。きっかけは、二〇〇九年に東方神起の三人のメンバーが起こした訴訟だった。一三年という長期間に及ぶ契約期間と過度な損害賠償額予定条項などを主な内容とするＳＭエンターテインメントとの専属マネージメント契約に対する「専属契約効力停止仮処分申請」を行ったのである。この訴訟に対し、ソウル中央地方裁判所が二〇〇九年一〇月に仮処分決定を下し、その後三年間の訴訟の末、任意調整をつうじて専属契約終了への合意に至っている。

当時、裁判所は、「一定期間の経過後、芸能人に自ら専属契約関係持続の可否について選択できる権利を与えることで、その人格および職業選択の自由を保護し、自身の意思に反する活動による副作用を最小化するために、専属契約期間を合理的な範囲で制限する必要がある」とした。そして、「勤労契約の法律上の制限期間である三年（民法第六五九条）もしくは一年（勤労基準法第一六条）などと比べても、一三年という期間はアイドルスターにとっては事実上終身契約に値する不公正なものである」と判示した。

この事件は、ＳＭと決別したジェジュン、ユチョン、ジュンスの三人がＪＹＪという新たなグループとして活動をはじめることで一段落した。東方神起はユンホとチャンミンの二人体制になった。

しかし音楽業界はもちろん、ファンクラブ「カシオペア」（韓国）と「ビギスト」（日本）を中心とする全世界のファンたちに与えた衝撃と波紋は、そう簡単に収まらなかった。文字通り全盛期に東方神起が分裂してしまったこと自体も大きな理由だったが、より社会的なインパクトを与えたのは、一般の感覚からは理解しがたい「一三年」という契約期間だった。「一三」という数字は、華麗な舞台の裏に隠されていたアイドルたちの人権と法的権利の問題を象徴するものとして認識された。

そして多くのファンとメディアは、それを「奴隷契約」と呼んだ。

アイドル産業のジレンマ

なぜこのような事態が起きたのか。三つの理由が考えられる。

第一に、問題意識の不在。それまで韓国の音楽産業は、国際的な基準を意識することなく、国内の事情を優先した慣行によって動いてきた。個々の音楽家の自由と権利を尊重する意識が十分に育っていなかった。

第二に、システムの不備。韓国の音楽産業は、ミュージシャンの活動全般を管理する「マネージメント会社」と公演を担当する「エージェンシー」、レコード契約をカバーする「レコード会社」を分離するアメリカや日本のようなシステムをもっていなかった。その不均衡なシステムのなかで「デビュー」を目指さねばならなかったアイドル練習生は、契約の段階で不利な内容を受け入れざるを得なかったのである。

第三に、構造的ジレンマ。それは、アイドルの「生産プロセス」そのものがはらむ問題であり、アメリカのアイドル産業も経験したものだ。

代表的な事例をあげよう。人気ボーイバンドであるバックストリート・ボーイズが、生みの親であるルー・パールマン（彼はイン・シンクのプロデューサーでもある）に対して起こした一九九七年の訴訟である。その理由は、九六年の世界デビュー後、たった一年で成し遂げた数百万枚のCD売り上げや世界数十カ国で完売つづきのツアーの成功にもかかわらず、利益の公平な分配がなされていないというものだった。

興味深いのは、これに対するルー・パールマンの主張である。彼はバックストリート・ボーイズを育て上げる過程で、制作、トレーニング、宿泊費、食費、衣類、アクセサリー、スタイリング、レコーディング、移動、プロモーションを合わせて、約三〇〇万ドル（約三億円）が投資されていたため、それを回収するための利益配分が必要だと訴えた。

このような彼の主張は、Ｋ－ＰＯＰのシステムがもつジレンマを端的に表している。アメリカのアイドル育成システムをベンチマークしてきたＫ－ＰＯＰの世界も、長年の練習生制度をつうじてアイドルをつくり上げてきたからだ。

アイドルグループがデビューするまでは三年から七年程度を要する。グループのメンバーは五人から九人が一般的だ。東方神起の訴訟がつづいていた二〇一〇年当時、SMエンターテインメントは、年間約一〇億ウォン(約一億円)を練習生に投資していた(『時事ジャーナル』二〇一〇年一一月八日)。これは、食費と宿泊費、トレーニング費用などの合計金額なので、ルー・パールマンのようにデビューのための制作・レコーディング費用まで含めると、それ以上の金額になるだろう。

その投資額をいかに回収し、安定的な生産プロセスを築くかということは、会社側にとって自らの存続とも関わってくる問題である。そして会社の資本が小さければ、その分リスクが大きくなるのはいうまでもない。

ミュージシャンの人権や法的権利に対する意識の不在やシステムの不備は、韓国歌謡の時期から受け継いだ古くからの課題だったといえる。その一方で、アイドルの育成過程をめぐるこういった構造的ジレンマは、新時代のK‐POPにふさわしい環境を構築するためには避けては通れない新たな課題だったのである。

「標準契約」

じつは東方神起の元メンバー三人がＳＭに対して訴訟を起こした二〇〇九年七月は、公正取引委員会が「大衆文化芸術人標準専属契約書」を二種類（歌手中心と演技者中心）に分けて制定、公示したとき（二〇〇九年七月六日）と正確に重なる。つまり芸能産業の法的整備の必要性は、すでにこの時点で提起されていたのである。

この標準専属契約書は、契約期間を「最大七年」と定めること、芸能人の人格権を保護すること、芸能活動による費用負担関係を明示することなどを主な内容としていた。しかしこれに対し、韓国芸能制作者協会、つまり業界側は、前述した芸能人への投資と教育など、芸能産業の特殊性を考慮していないと反発し、新しい標準契約の適用は難航することが予想されていた。

東方神起をめぐる法的紛争は、Ｋ－ＰＯＰはもちろん韓国の芸能産業全体の法的整備を、高い社会的関心とともに現実化させる原動力となった。政府機関と業界、学会、そしてメディアとファンによる活発な議論を導いたのだ。

二〇〇九年に制定された「大衆文化芸術人標準専属契約書」は、その後も改正がつづいている。具体的には二〇一二年に、青少年芸能人に対する学習権、人格権などの基本的人権の保護が加えられた。二〇一四年には、契約期間終了後アーティストが自分の商標権をもつ権利、芸能活動にともない極度のうつ病などが発見されたさい、会社がアーティストの同意のもとで適切な治療支援を行う義務が定められた。また、二〇一四年に「大衆文化芸術産業発展法」(略称「大衆文化産業法」)が制定され、二〇一八年には改正もされている。とはいえ急成長した業界全体の構造を考えると、K－POPのあらゆる領域に「標準」が定着するまでは、まだ時間がかかるかもしれない。

その後も「奴隷契約」という言葉は、K－POPの影を象徴するものとして用いられている。「奴隷契約」という言葉が使われるたび、東方神起の名前も付き物のように登場するだろう。しかしそのこと自体が、東方神起がK－POPにもたらしたものの重大さを物語っている。

K－POPのグローバル化

BoAと東方神起が築き上げた日韓の音楽空間とK－POPのかたちは、そのままK－POPのグローバル化へとつながった。

たとえば、ブラジル・サンパウロにあるリベルダージ地区。約一〇〇万人の日系ブラジル人が住んでいるとされるサンパウロの中心部にあるこの地区には、五〇年代から形成された大規模な日本人街がある。

九〇年代からグローバルに消費されていたマンガやアニメ、J－POPなどの日本のコンテンツは、この地区をつうじて多くのブラジル人にも広く浸透していた。そして二〇〇〇年代半ばになると、日本へと進出していたK－POPもそこに加わりはじめた。J－POP関連のインターネットサイトや販売店などをつうじてBoAや東方神起にハマったブラジル人や日系ブラジル人、日本人のなかには、それを機に熱狂的なK－POPファンになり、韓国の映画やドラマなどの積極的な消費者になるケースが増えていったのだ。

以降、ブラジルのK－POPファンダムは、Sarang In Gayo（四万五〇〇〇人）、K-POP Brasil（三万四〇〇〇人）、K-POP Station（二万人）、Brazil Korea（二万人）などの大規模なファンクラブとともに急速に拡大した。二〇一三年にはサンパウロ大学に韓国語学科が新設されている。

しかし二〇〇〇年代半ばからのK－POPの急速な拡散は、グローバルな消費の対象が、日本文化から韓国文化へと単純に移ったことを意味するわけではない。あるいは海外で日韓の文化的衝突が起きたわけでもない。それは、リベルダージ地区の「日本人街」の名称が二〇〇四年に「東洋人街」へと変更されたことからもわかるように、むしろ消費の多様化としてとらえられるべきだろう。

たしかに二〇一〇年代半ばになると、J－POPではなくK－POPが若者の中心的なポピュラー音楽の一つになっている。しかしブラジルの若者の多くは、「日本のマンガとアニメ」

と「韓国のK－POPとドラマ」のように、両方を同時に消費するケースが多い。つまり、日本のもの、韓国のものに対する嗜好の違いはあるものの、「J」と「K」は、東アジアポピュラー文化のグローバル化を意味するものとして両立しているのである。

フランスやその周辺のヨーロッパ諸国では二〇〇〇年代半ばから韓国のポピュラー文化が浸透しはじめ、いまや熱狂的なK－POPファンが多いことで知られる。そこでも初期のK－POPの拡散は、日本のポピュラー文化の流通・消費プロセスが重要な役割を果たした。

たとえば一九九八年からJ－POPと日本のマンガを専門的に扱いはじめたパリの販売店タイヨウ(TAIYOU)は、二〇〇七年からK－POPを一緒に取り扱っている。ホームページにアクセスするとフロントページには、K－POPのアルバムやポスターの紹介とともに、日の丸と太極の模様を合わせてデザインしたロゴマークが掲載されている。

メディアの例をあげると、二〇一一年から放送を開始したK－POP専門ラジオKFM(KpopFM)は、J－POPのウェブラジオ放送JFM(JpopFM)のリスナーたちの強い要望によって単独運営をはじめた。KFMは、放送開始から五カ月でリスナー数が二〇万人を超え、JFMの一八万人を上回ったという。

写真は、人口約一万七〇〇〇人のスイスの小さな町ヴヴェイにある「Bulle d'Asie」の店内。

日本のマンガとK－POPのCDやグッズが豊富にそろっており、モニターからはBIGBANGの歌が流れ、壁にはK－POPのポスターがぎっしり貼られていた。扱っているのは日本のマンガとK－POPのみ。アジアやアメリカ地域に比べて情報と商品の流通が比較的困難なヨーロッパでは、このような小さな店が重要な拠点になる。この店にもフランス、イタリア、ドイツなどヨーロッパ各地からの若者が利用し、ときには直接集まってファン活動を行っているという。

「Bulle d'Asie」の店内と店主サマンサ・マルヴァレズさん(筆者撮影)

このようにK－POPのグローバル化は、九〇年代からのJ－POPの流通・消費プロセスと重なり合うようにして広まっていった。その過程では、日本のコンテンツ(J－POPとマンガやアニメ)と韓国のコンテンツ(K－POPとドラマや映画)の両方が活発に消費されている。初期のK－POPは、あくまで日本を中心とするアジアの一コンテンツとして、消費されていたのだ。

そして二〇〇〇年代後半になると、K－PO

Pはアジアの一コンテンツという枠組みから離れ、K－POPそのものとして受容されるようになっていく。アジアはもちろん、アメリカ大陸やヨーロッパの若者たちが、K－POPを洗練されたポップとして、ファッションとして消費しはじめたのである。このことは、たんなる量的成長を意味しているのではない。K－POPが、ポップとしてのある種の普遍性を獲得したことを意味していた。

2 「テイストメーカー」としてのK－POP

デジタル音楽の時代

九〇年代後半に誕生したK－POPは、二〇〇〇年代半ば頃にはそのかたちを整え、グローバルな拡張をはじめた。ちょうどその頃は、デジタル音楽の時代が到来し、ポップの生態系が大きく変容した時期と重なる。K－POPの拡張は、メディア環境の変容にうまく対応したからこそ可能なことだった。しかし同時に、そもそもK－POPそのものが、新しいメディア環境によってつくり出されたといっても過言ではない。

デジタル音楽の幕明けを告げたのはMP3だった。この画期的な技術は、音響データを圧縮し、CD音質のデータを数分で(もちろん今は数秒で十分だが)ダウンロードできる環境を実現した。一九九九年にアメリカでMP3ファイルを自由に共有できるファイル共有サービス、ナップスター(Napster)が登場すると、この年だけで数百万人がインターネットをつうじてMP3ファイルの音楽をダウンロードした。

当然、抵抗も大きかった。ナップスターに対するレコード会社による訴訟が相次いだのはもちろん、違法なファイル流通を可能にするP2P技術そのものへの批判は少なくなかった。しかしすでにはじまってしまった音楽のデジタル化は、避けられない時代の流れだった。それを宣言するかのように、スティーブ・ジョブズは二〇〇三年、iTunes Storeを世に出した。すでに二〇〇一年にデジタル音楽アプリiTunesと携帯型デジタル音楽プレイヤーiPodを発表していたジョブズは、合法的なデジタル音楽マーケットを構築することで、一気に音楽のデジタル化を加速させた。そしてiPhoneが登場した二〇〇七年になると、iPodの出荷台数は一億を超え、約五〇〇〇万人がiTunes Storeで四〇億曲の音楽を購入した。その一方で、約一〇〇万人の消費者がCDの購入から離れていった(『ロイター』二〇〇八年二月二七日)。

iTunesは、ある人びとにとって、流通を独占し音楽の価値とミュージシャンの利益を害する化け物だった。しかし別の人びとにとっては、音楽市場参入のハードルを下げミュージシャンと消費の距離を縮めることで、崩壊寸前の音楽市場を救った救世主だった。

どちらにしても変わらないのは、iTunesがポップの生態系そのものを変えたということである。何より、「流通」が焦点となった。CDをつくって音楽を生産していた側も、CDを買って音楽を消費していた側も、この新たな流通のかたちに合わせて変化していった。同時にiTunesは、ポップの今ここを表す重要なプラットフォームとなっていった。iTunesでの売り上げをリアルタイムで示すiTunesチャートは、ポップのグローバルな動きを表す重要な指標として、伝統的な音楽チャートと並ぶ権威を獲得した。

iTunesとK-POP

韓国は、新たなデジタル音楽の時代に最も素早く(アメリカよりも早く)反応した国だった。二〇一一年、アメリカのポップ市場におけるデジタル・ダウンロードの割合(五〇・三%)がレコードの販売を上回ったことが世界に衝撃を与えた。しかし韓国では、早くも二〇〇三年の時点で、デジタル音楽市場(一八五〇億ウォン)がレコード市場の規模(一八三三億ウォン)を上回っていた(韓国ソフトウェア振興院資料)。アメリカで市場が逆転した二〇一一年の世論調査をみると、二〇代から五〇代の消費者のうち三七・二%がデジタル音楽を購入していると答えており、

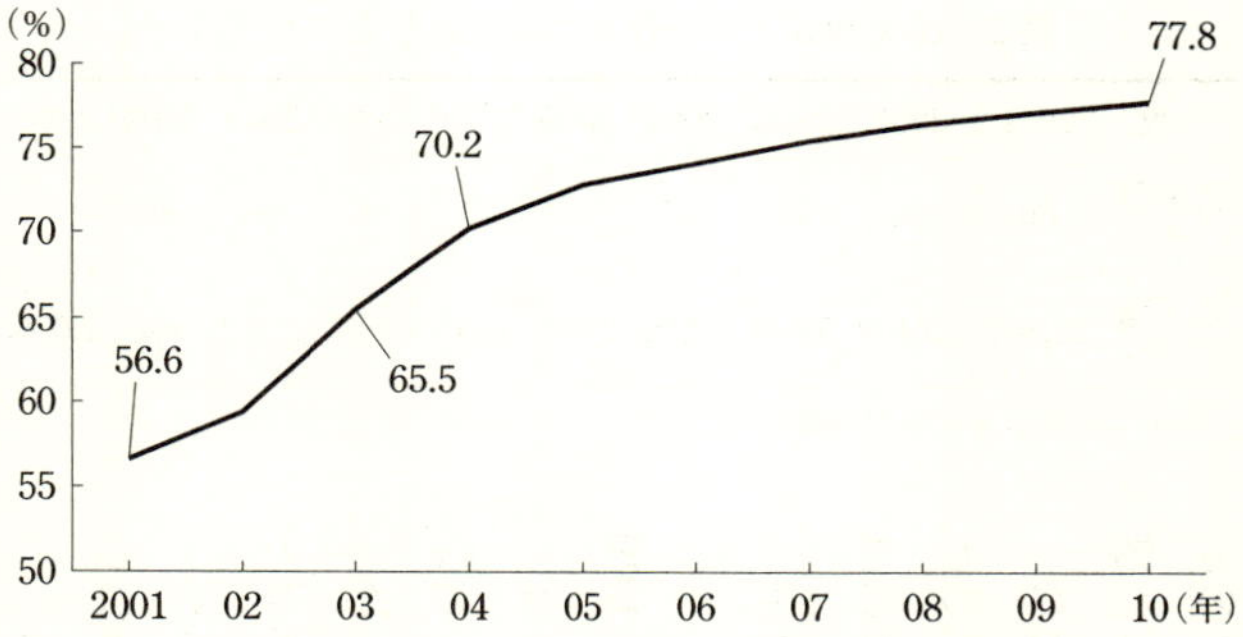

図2　2000年代インターネット利用率(韓国統計庁)

CDを購入していると答えたのは九・六%のみだった(『週刊東亜』二〇一一年四月一八日)。

韓国は、なぜデジタル市場にこれだけ早く反応していたのだろうか。

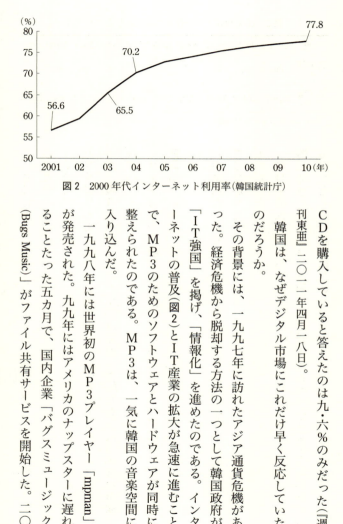

その背景には、一九九七年に訪れたアジア通貨危機があった。経済危機から脱却する方法の一つとして韓国政府が「IT強国」を掲げ、「情報化」を進めたのである。インターネットの普及(図2)とIT産業の拡大が急速に進むことで、MP3のためのソフトウェアとハードウェアが同時に整えられたのである。MP3は、一気に韓国の音楽空間に入り込んだ。

一九九八年には世界初のMP3プレイヤー「mpman」が発売された。九九年にはアメリカのナップスターに遅れることたった五カ月で、国内企業「バグスミュージック(Bugs Music)」がファイル共有サービスを開始した。二〇

表3　10万枚以上の売り上げを記録したアルバム

年度	2001	2002	2003	2004	2005	2006	2007	2008	2009	2010
音盤数（枚）	80	66	27	27	17	9	3	6	6	7
販売量（千枚）	22,862	15,409	5,644	5,429	2,856	1,662	473	1,112	898	1,075

出典：韓国コンテンツ振興院

〇〇年前後から、ＭＰ３のマーケット（海賊版を含む）が本格的に形成されたのである。

すでにアジア通貨危機の影響を受けていた韓国の音楽産業にＭＰ３の普及が与えた打撃は、アメリカとは比べものにならないほど大きかった。**表3**が示すように、市場は急速に萎縮《いしゅく》した。九〇年代に量産されていたミリオンセラーも、二〇〇一年を最後に姿を消した。そして、レコード市場の崩壊が本格化しはじめた二〇〇二年には、年間一位のBoAのアルバム『No. 1』ですら五〇万枚ほどの売り上げにとどまった。

生まれたばかりのＫ‐ＰＯＰが迎えた壁は、産業の急速な萎縮だけではなかった。立ちはだかったのは、音楽に対する人びとの意識そのものだった。

ＣＤを購入する代わりにＭＰ３ファイルをダウンロードすることに慣れてきた人びとは、音楽を「所有するもの」ではなく、「共有するもの」として認識しはじめた。

たとえばiPhoneが登場した二〇〇七年、韓国国内のSNS（ソーシャル・ネットワーキング・サービス）「サイワールド（Cyworld）」は、有料ダウンロードが二億曲に到達したと発表した。iTunesにつづく世界で二番目の記録だった。購入した音楽は、個人のハードディスクに保存されるわけではない。あくまでもサイト内にある個人ページにアクセスしないと聴くことができなかった。所有ではなく、共有のための市場や文化が、すでにこの時点で広まっていたのである。

Ｋ－ＰＯＰ業界は、素早くその新しい環境に対応した。まずＣＤにこだわらず、生産・流通プロセスをデジタルマーケット中心に再編し、海外市場をターゲットにした活動を積極的に繰り広げた。デジタル音楽産業の拡大による国内産業への打撃は避けられないことだったが、逆に言えばそれは、ＣＤという生産費用のかかる媒体と伝統的な流通プロセスがなくても、十分に海外での活動ができるということを意味した。二〇〇八年にBoAの曲「Eat You Up」が世界三〇の国と地域で発売されたのは、デジタル音楽だからこそ可能だった。

とくにiTunesは、世界中で形成されつつあったＫ－ＰＯＰのファンダムを、市場の水準で認識させる効果的なプラットフォームだった。いまもＫ－ＰＯＰアーティストを紹介するとき

「世界〇〇の国と地域のiTunesチャートで一位を獲得！」のような説明が付いて回るように、このときからiTunesチャートの順位は、K－POPのグローバル化を証明する数字となった。BoA、東方神起につづき、BIGBANG、少女時代、2NE1などが、iTunesをつうじて鮮烈な世界デビューを果たした。そのなかでも、二〇一一年、アジア地域以外では正式活動を行っていなかったBIGBANGのアルバム『BIGBANG MINI 4』が、アメリカのiTunesアルバムチャートの六位まで上がった。これは、世界のポップ界とK－POP界双方を驚かせる出来事だった。

しかし、iTunesは、K－POPの流通プロセスと市場を拡大させるプラットフォームとなった。しかし、音楽を共有するという新しい感覚に十分に応えるものではなかった。とくにK－POPは、それまで身につけてきた「観る音楽」としてのさまざまな特徴や、献身的なファンダムとのコミュニケーションなど、K－POPならではの魅力をより効果的に活用するためのプラットフォームを必要としていた。そこで出会ったのが、YouTubeに他ならない。

YouTube──動画によるデジタル音楽

二〇〇五年一二月にサービスを開始した動画共有サービスYouTubeによって変わったのは、「スター」の概念だった。スターは、マスメディアの力によってのみつくられるものではなくなったのだ。一般の人びとが容易にデジタル技術を身につけられるようになった結果、自らスターになるために、またスターを探すために、この新しいプラットフォームに集まった。その可能性を認めたグーグル社は、サービス開始後一〇カ月しかたっていない二〇〇六年一〇月、一六億五〇〇〇万ドルを支払ってYouTubeを買収した。

ミュージックビデオという強力なコンテンツを有したアメリカのポップ界も、この新しいプラットフォームを積極的に利用した。二〇〇九年にミュージックビデオ提供サービスを開始した「VEVO(ヴィーヴォ)」のように、大手レコード会社は、YouTubeにミュージックビデオを提供し、その広告収入を分配することで低落したCDの売り上げ分を取り戻そうとした。

変わったのは利益構造だけではない。ビルボードは、二〇一三年からYouTubeの動画ストリーミングデータを、シングルチャート(Hot 100)などに反映した。音楽を保存(ダウンロード)することなく、アクセス(ストリーミング)することが音楽消費の主な方法へと変化していったからだ。

何よりポップ界は、この新たなソーシャル・ネットワーキングのなかで、新しい「ポップスター」をつくり、また探さなければならなかった。そこに現れたのが、K-POPだった。

YouTubeとK-POP

K-POPは、この動画によるソーシャル・ネットワーキングのために生まれたような世界だった。

オールドファッションから最新の流行までカバーするサウンド、完璧にそろったダンスパフォーマンス、多彩なジャンルのファッション、それらとうまく絡み合った韓国語のラップと歌、そしてMTVのTRL(トータル・リクエスト・ライブ、一九九八~二〇〇八年、二〇一七年~)を思わせる完成度の高いミュージックビデオ。K-POPのコンテンツは、待ってましたとばかりに、YouTubeをつうじて一気に拡散された。

そして、後にPsyの「江南スタイル」のミュージックビデオ再生回数が32bit INT(二一億四七四八万三六四七回)、すなわちYouTubeの設計した上限を超えてしまったことが象徴するように、YouTubeとK-POPは、お互いを拡張しあっていた。

二〇一二年には、少女時代の「Gee」のミュージックビデオがアメリカだけで七四〇〇万の再生回数を記録した。その頃になると、K-POPのYouTubeでの成功はアメリカのメディアを大きく動かした。『ニューヨークタイムズ』『アトランティック』のような伝統メディアから『ビルボード』や『ローリングストーン』のような音楽雑誌、そして『ピッチフォーク』

『ポップメター』などのポップ専門ウェブマガジンまでが、「韓国からのポップ音楽がどのようにして言語の壁を超え、アメリカの情熱的なオーディエンスを魅了したのか」(『ローリングストーン』二〇一二年五月一八日)を問いはじめた。

もちろんその答えは、YouTubeから流れるK－POPのミュージックビデオにあった。といっても、コンテンツだけを指していっているわけではない。K－POPがYouTubeをつうじて幅広い人気を獲得できた理由は、ビデオストリーミング文化に対するK－POP界の理解と適応能力、そしてUCC(User Created Contents)またはUGC(User Generated Contents)ともいわれる(日本では主にUGCが、韓国ではUCCが使われる)、利用者がコンテンツを生産し共有するYouTubeの環境そのものにあった。

YouTubeにはテレビ放送のように二四時間単位で決められた時間枠はない。また必要であればいくらでも編集なしで流すことができる。

K－POPの業界は、このようなYouTubeの特徴を用いて「過程」そのものを発信しはじめた。アイドルグループのメンバーを選抜する過程、そのメンバーが練習を行う過程、振り付けや服装が決まっていく過程、そしてステージに上がりパフォーマンスを披露する過程まで。華麗なステージだけをみせていた既存のポップスターとは異なり、これまではみることのできなかった過程そのものを、K-POPの業界は惜しむことなく公開したのである。これは、徹底してストリーミングの特徴を生かした方法だった。

利用者たちは、自分がハマったK-POPスターに、同じYouTubeのプラットフォーム上のコンテンツで応えることができた。発表された動画を自分の好みに合わせて編集して再アップしたり、ミュージックビデオに自分の地域の言語で字幕をつけたり、好きな音楽に反応する自分の姿を撮ったリアクションビデオを載せたり、その方法はいくらでもあった。K-POPの業界は、自分たちの著作物が消費者によっていじられることをむしろ歓迎した。それこそ、YouTubeの時代に「ポップスター」がつくられる方法だったからだ。

そしてコンテンツによる消費者の積極的な参加は、K-POPそのものの要素として認識されていった。いつの間にかK-POPは、YouTubeの特徴を自分の特徴として吸収していた。K-POPという空間のなかに、ソーシャル・ネットワーキングが生まれていったのだ。

テイストメーカーとして

二〇一一年に韓国を訪れ、「YouTubeにK-POP専用チャンネルを開設する」と発表したグーグル社のエリック・シュミット会長(当時)は、二〇一二年七月一五日にYouTubeにアップロードされたPsyの「江南スタイル」の再生回数が一八億回を超えた直後の二〇一三年一一月に再び韓国を訪れた。会見でK－POPのYouTubeでの成功に話題が及ぶと、彼がK－POPの魅力として口にしたのは、感覚とスタイルだった（『MTN』二〇一三年一一月一一日）。

この感覚とスタイルこそ、九〇年代から韓国のポピュラー音楽が求めてきたものに他ならない。そしてiTunesとYouTubeといった新たなプラットフォームのうえでグローバルに拡張していく過程は、K－POPが、ポップの感覚とスタイルを自ら生み出す存在となったことを示していた。

そしてそのK－POPがもつ感覚とスタイルは、韓国そのもののイメージとして認識されてもいる。たとえば、韓国文化産業交流財団が二〇一五年にアメリカで行った調査では、「韓国」から連想されるイメージについて、最も多い二三・八％の人が「K－POP」と答えている。この数字は韓食（一五・四％）、北朝鮮（八・四％）、IT（八・二％）、朝鮮戦争（七・六％）、ドラマ（四・二％）、映画（三・六％）、美容（三・二％）、自動車（三・〇％）などを大きく上回っている。

そしてK－POPの魅力として答えたのは、（1）アーティストたちの優れたダンスおよびパフォーマンス（六一・六％）、（2）アーティストたちの魅力的なビジュアル（五九・九％）、（3）真似しやすい音楽とダンス（五九・七％）、（4）中毒性の強いフックとリズム（五九・六％）の順だった

(『二〇一五大韓民国韓流白書』)。

このような傾向は、K-POPの楽しみ方にも反映されている。iTunesやYouTubeをつうじてその音楽とパフォーマンスを聴き、観ることを楽しむ人の数が急増するなかで、多くの国や地域で集団的なK-POPのカバーダンスを楽しむことが流行している。またK-POPスターのビジュアルの影響で、いわゆる「K-Beauty」すなわち美容とファッションに興味をもつ人も少なくない。つまり二〇一〇年前後からのK-POPは、音楽としてだけではなく、その感覚とスタイルが総合的に消費されるようになったのである。

しかし当たり前のことであるが、人びとを魅了する感覚は、たんなるマネージメントの水準だけで生み出せるものではない。とくにサウンド、歌、ラップ、ダンス、ファッション、メッセージ、イメージなどが複雑に混ざり合うポップの世界で、「クールさ」と「ダサさ」はときにはほんの紙一重《かみひとえ》の差で決まったりする(もちろんすべては結果論になるが)。したがって世界の人びと、とくに若者たちがK-POPから感じる感覚とスタイルをとらえるためには、アーティストたちのあり方そのものをみること以上にいい方法はないだろう。

G-DRAGON——世界のテイストメーカー

「K－POP最大のスターを知ろう」

イギリスの有力紙『ガーディアン』(二〇一四年三月三日)に掲載された企画「K－POP――ビギナーズガイド」が、G-DRAGONの項目につけたタイトルである。サブタイトルとしては次のような紹介がついていた。二五歳のジャンル破壊者(genre-masher)、シンガーソングライター、プロデューサー、そしてグループBIGBANGのリーダー。

同紙は、G-DRAGONがディプロ、バウアーなどのトップミュージシャンたちがコラボレーション相手として好む最先端のミュージシャンであると同時に、イタリア版『ヴォーグ』の表紙モデルであり、毎年パリ・ファッションウィークの最前列に招待される世界的なファッションリーダーであることに注目した。シャネル、クロムハーツ、サンローラン、トム・ブラウン、ジバンシィなど、彼とコラボレーションを行ったトップブランドのデザイナーたちも後を絶たない。

「Lies」「Haru Haru」「FANTASTIC BABY」「LOSER」「BANG BANG BANG」など、BIGBANGの数々のヒット曲の作詞作曲に参加しているG-DRAGONは、自身の五枚のソロアルバムをつうじて、「Heartbreaker」「One of a Kind」「Crayon」「ピタカゲ(CROOKED)」などもヒットさせている。

そのなかでも、ソロアイドルとしては初めてYouTubeで再生回数一億回を突破した曲「CROOKED」が収録された二〇一三年のアルバム『COUP D'ETAT』は、ビルボード・アルバムチャート入りを果たし、G-DRAGONは「最もクールな韓国ミュージシャン」(『Buzz』二〇一三年一〇月五日)として世界のポップ界にその名を刻んだ。

多くのポップスターがそうであるように、人びとがG-DRAGONに見出した「クールさ」は、音楽だけではとらえられないだろう。歌とラップ、ダンス以外に、彼のヘアスタイルであれ、服装であれ、アクセサリーであれ、態度と表情で表現するあらゆるニュアンスが、G-DRAGONの名のもとで消費されている。

そういう意味で、『ニューヨークタイムズ』(二〇一三年九月一五日)の長文のアルバムレビューが彼を、アメリカの男性ポップスターよりレディー・ガガやケシャ、ニッキー・ミナージュのような女性ポップスターに近い存在としてとらえたのは興味深い。それは、G-DRAGONがリードするK‐POPが、音楽(中身)とスタイル(外形)をともに重視する世界であり、その「パッケージ化」にこそ、K‐POPの美学と未来があるという意味だった。アメリカンポップのさまざまな感覚を再解釈してきたK‐POPが、アメリカでも普通のポップとして受容されるようになったことを示したこのレビューは、最後をこのように締めくくっている。「近いうち、彼が（世界から）受け入れてきたものは異なる方向に進み、今度は世界が彼から学ぶことになるだろう」。

このように G-DRAGON がもつ存在感は、K－POPがグローバルに消費されるようになった二〇一〇年代の位相を象徴的に表すものだった。「憧れ」という、ポピュラー文化において最も核心的で、しかし最もとらえにくい感情が、この時期からK－POPに向けられるようになったからだ。それまでK－POPは、欧米主流のポップをうまく取り入れることで徐々に世界の市場を広げていく周辺のポップと思われていた。それが、世界のポップ界における重要な「テイストメーカー（新しい嗜好を流行させる存在）」として浮上したのだ。

そしてその変化をリードしたのは、G-DRAGON と、彼を含む五人組のボーイバンド BIGBANG である。

BIGBANG――境界を超えた音楽

BIGBANG は、現在 WINNER、iKON、BLACKPINK、CL、EPIK HIGH（エピック・ハイ）などが所属しているYGエンターテインメントから二〇〇六年にデビューした。

かつてソテジワアイドゥルのメンバーとして活動し、引退後はプロデューサーに転じたヤン・ヒョンソクが代表を務めるＹＧは、JINUSEAN（一九九七年）、1TYM（一九九八年）、SE7EN（二〇〇三年）などを次々と輩出した。2NE1もＹＧが生んだアーティストである。当時としては本格的なヒップホップを追求し、大手のＳＭエンターテインメントとの差別化を図った。

BIGBANGは、ＹＧによる長年の準備のもとで生まれた。たとえばリーダーのG-DRAGONとSOL（Taeyang）は約六年間のトレーニングを受けている。ソウルオリンピックが開催された一九八八年に生まれた二人は、H.O.T.以降のＫ－ＰＯＰを享受しながらミュージシャンを目指した初めての世代である。

前述したようにBIGBANGがデビューした頃は、韓国の音楽産業とメディア環境に地殻変動が起きた時期だった。最初からグローバルなトップスターを目標に育てられていたBIGBANGは、デジタル化による音楽産業とメディア環境の変化から逃げることなく、そのまま戦略として活用した。ＹＧは、メンバーの選抜からデビューに至るまでの過程を、インターネット放送（ＧＯＭＴＶ）やYouTubeなどで公開し、主流メディアの力を借りることなくファンの熱狂的な関心を集めた。

何よりもBIGBANGがウリにしていたのは、すべてのメンバーがもつシンガーソングライターとしての能力だった。

G-DRAGONを中心に、メンバー全員がデビュー当初から作詞作曲とプロデュースに参加した。ＹＧが築いたヒップホップのサウンドに、テクノとエレクトロクラッシュなどのサウンドを混淆させるなど、先端のポップサウンドを生み出しつづけた。G-DRAGON自身も「自分たちの歌を直接つくるのがBIGBANGの最大の特徴だ」(『ＪＴＢＣ』二〇一五年六月一八日)と語り、プライドを隠さない。

それぞれのソロミュージシャンとしての活動は、BIGBANGの音楽を単純に個別化したものではなく、グループの世界をさらに拡張させるものだったといえよう。

たとえばSOL(Taeyang)は、ソロデビューアルバム『Hot』で二〇〇八年の「大韓民国音楽賞」において最優秀Ｒ＆Ｂ／ソウル賞のアルバム賞とソング賞を同時に受賞するなど、自身のボーカル能力を生かしてＲ＆Ｂアーティストとしての地位を獲得した。そして二〇一四年に発表した『RISE』はビルボード・アルバムチャート一一二位、アメリカiTunesのＲ＆Ｂチャート一位を記録した。

D-LITEの活動も興味深い。得意とするバラードはもちろん、トロット／演歌にまでジャンルを拡げ、既存のアイドルには考えられない活動を繰り広げた。二〇一三年にＪ－ＰＯＰのカバーアルバム『D'scover』を発表するなど、とくに日本での人気が高く、アルバム『D'slove』を発表した二〇一四年のアリーナツアーでは、その年の四一位にあたる一七万人の観客を一人で動員した。

BIGBANGは、一〇年以上の活動をつうじて「国際的な境界やK-POP産業の限界を同時に乗り越えたボーイバンド」(『ビルボード』二〇一六年一二月一三日)としての地位を獲得した。実際、「FANTASTIC BABY」が収録された二〇一二年のアルバム『ALIVE』が、韓国語で歌われていたにもかかわらずビルボード・アルバムチャートで一五〇位にランクインしたのは、彼らの音楽が言語の境界を超えて欧米のポップ界に届いたことを物語っている。

他にも、二〇一一年にはMTVヨーロッパ・ミュージック・アワードで最優秀ワールドワイドアクト賞を受賞、二〇一二年にはイギリスのウェンブリー・アリーナで単独コンサートを開催、同年にはイタリアMTV・TRL・アワードでベストファン賞を受賞している。また、二〇一三年から一七年にかけて五年連続で日本ドームツアーを開催し、合計四二〇万五五〇〇人を動員した。ミュージックビデオは一一作品がYouTubeで再生回数一億回を超えた(最多は三億四〇〇〇万回を突破した「FANTASTIC BABY」)。BIGBANGは、さまざまな音楽空間とメディア空間を横断しながら、それまでK-POPが経験したことのない道を切り拓いた。

二〇一五年、『ニューヨークタイムズ』は、アメリカ・ニュージャージーで開催されたBIGBANGのコンサートレビューで、五人全員による有機的かつ個性的なパフォーマンスを、「バックストリート・ボーイズとイン・シンクのように、メンバー間の能力の差が大きかったアメリカのボーイバンド」と比較しながら讃えた。そして「BIGBANGのラップと音楽、歌詞にはアメリカのポップとヒップホップ、R＆Bからの影響が表れている」と指摘しながらも、次のように述べている。

アメリカでその市場性と美学的価値をほぼ失ったボーイバンドという概念は、自動車がそうだったように、アメリカで誕生し、他所で完成へと至った一つの例なのかもしれない。(……)BIGBANGのコンサートは、アメリカ例外主義の衰退を、派手に再確認した場だった。(『ニューヨークタイムズ』二〇一五年一〇月一二日)

九〇年代にバックストリート・ボーイズらとともに韓国に輸入されたアメリカ型ボーイバンドは、二〇一〇年代に入り、韓国で完成された韓国型ボーイバンドに生まれ変わり、アメリカへと逆輸入された。BIGBANGのコンサートは、それを証明していたのだろう。そこでBIG

BANGは、K‐POPに対してポップとしての新しい価値を与えただけでなく、ポップの市場性と美学における新たな可能性を示していたのである。

第3章
K-POPの感覚
韓国的感性の系譜

2011年，幕張メッセで開催された「MTVビデオミュージック・アワード・ジャパン」での少女時代(Photo/Getty Images)

1　K－POPのメロディと韓国的感性

K－POPにはバラードもある

「K－POPらしい」特徴が表れるのは、強烈なサウンドとリズムに合わせた韓国語ラップや華麗なパフォーマンスだけではない。「中毒性の強いフック（サビ）」もその一つといえる。しかしその反復されるフックを飽きさせないのは、曲全体に流れるメロディの力である。K－POPがもつ音楽的感性は、そのメロディによって表現されているといっても過言ではない。K－メロディの力は、バラードというジャンルでより顕著に表れる。ダンス曲で知られているK－POPミュージシャンたちも、アルバムには必ずといっていいほど、完成度の高いバラード曲を加えている。ヒット曲も少なくない。ダンス曲がアイドルのA面だとするなら、バラード曲はそのB面だともいえよう。

このような特徴は、H.O.T.「Free to Fly」、Sechs Kies「Love」、S.E.S.「Love」、Fin.K.L.「Blue Rain」、god「Dear Mother」など、K－POPの第一世代から変わっていない。その後も東方神起「Don't Cry My Lover」、神話「Once in a Lifetime」、Super Junior「Islands」から

近年のSHINee「Symptoms」、2NE1「Missing You」、BIGBANG「LOSER」、EXO「Universe」、BTS「Spring Day」にいたるまで、K－POPアイドルのバラードは、市場とメディア、ファンから高い評価を受けてきた。

しかし、いま海外から注目されているK－POPミュージシャンは、バラードをB面のものとするアイドルだけではない。バラードそのものを得意とする若いミュージシャンも多い。そういう意味では、韓国ポップからK－POPに受け継がれるバラードのあり方について考えることで、アイドルグループに限定されないK－POPのあり方がみえてくる。

ただしここでいうバラードとは、そのジャンル全体を意味するわけではない。二〇一八年四月の平壌公演で歌われた、北朝鮮の大学生のあいだで高い人気を誇るといわれる**ペク・ジヨン**（**백지영**）の「銃に撃たれたように」のような典型的なバラードも、もちろん韓国ポップの重要な位置を占めている。しかしここでは、韓国歌謡から韓国ポップを経てK－POPにいたる過程において、つねに今ここのポップとしてとらえられるものに限定したい。「メロドラマ」に対してもそうであるように、「バラード」に対して韓国の人びとは強い愛着を抱いているため、このように限定をしないかぎり本書は書ききれないかもしれないからだ。

「ポンキ」という感覚

韓国バラードの感覚を検討するために、まず一つ新しい言葉を覚えてみよう。

「ポンキ(뽕끼)」

この言葉は標準語ではなく、国語辞書には載っていない。いわゆる「俗語」である。韓国ではポピュラー音楽について語るさいによく使われ、一般の人にも馴染みのある言葉である。二〇〇九年に出版された『大衆文化辞典』は、ポンキを次のように定義している。

韓国人の情緒に沿う韓国のポピュラー音楽の特性を総称する言葉。たいてい、聴き慣れたメロディ、特有のリズムパターン、哀傷と悲嘆を指す。このような特徴はトロット風のポピュラー音楽によくみられるため、ポンキという言葉は一般的にトロット風のポピュラー音楽を意味するものとして理解することができる。(キム・キラン&チェ・キホ『大衆文化辞典』現実文化研究)

ここでいう「哀傷と悲嘆」とは、韓国人の文化的感性を語るさいによく使われる「恨《ハン》」とも重なる意味のものだろう。

しかしポンキの感覚は、「トロット」という音楽ジャンルに限られるものではない。たとえばそれは、韓国でヒットした洋楽からも感じ取ることができる。

「ビッグ・イン・ジャパン」という言葉がある。ウィキペディアによれば「ビッグ・イン・ジャパン」とは、八〇年代頃から日本の音楽雑誌で「日本でしか売れない洋楽バンド・アーティスト」を指すものとして使われはじめた言葉で、「ザ・ランナウェイズ」と、「イアン・ギラン・バンド」などが例としてあげられている。

韓国においても「ビッグ・イン・コリア」は少なくない。あるポップコラムニストは、映画『シュリ』に使われたキャロル・キッドの「When I Dream」、テレビドラマ『恋人』に使われたCarry & Ronの「I.O.U.」などを指して、「ポンキが濃いため韓国の大衆に馴染み深くアピールしやすい」(『週刊東亜』二〇一二年二月六日)と述べた。

ここでは「ポンキ」を、特定のジャンルという枠に限定されない、「韓国人が好むメロドラマ的(感傷的・通俗的)な要素が強調されたメロディやリズム、歌唱法の感覚」程度で理解しておこう。

ポンキからの脱却

八〇年代後半以降の韓国ポップの歩みは、この「ポンキ」から離れ、ポップの普遍的な感覚に近づいていくものだった。

その出発点は、一九八七年であった。この年に数多くの記念碑的アルバムが発表された。韓国のバラードにポップのサウンドを取り入れ「ポップバラード」というジャンルを定着させた作曲家**イ・ヨンフン**（**이영훈**）が手掛けた**イ・ムンセ**（**이문세**）の『イ・ムンセ4』、クラシックのサウンドやメロディの作法をポップと混淆させたユ・ジェハの唯一のアルバム『愛しているから』、女性を中心とした若い世代に訴えるロックバラードをつくり上げたロックバンド「**ブフアル**（**부활**）」の『復活II Remember』などだ。第1章で述べたように、この年に初のアイドルグループ（ソバンチャ）が登場したのは、韓国のポピュラー音楽の文脈からすれば、決して偶然ではないだろう。

以降九〇年代を通して、韓国のバラードは、電子音楽（ユン・サン、シン・ヘチョル）、ジャズ（キム・ヒョンチョル、**イ・ソラ**（**이소라**））、クラシック（キム・ドンリュル、ユ・ヒヨル）などを取り入れながら活性化していった。

そのなかでも九〇年代半ばから本格化したブラックミュージックとの出会いは、韓国ポップのバラードにとっても重要な転換点だった。ゴスペルからはじまった音楽形式としての「ソウル(soul)」と、黒人の文化的アイデンティティに関わる情緒としての「ソウル(soul)」によってつくられたR&Bは、九〇年代、ホイットニー・ヒューストン、ボーイズIIメン、マライア・キャリー、ブライアン・マックナイトなどのアーティストによって歌われ、全世界のポップ界を席巻していた。

声量とテクニックを重視し、ロマンチックなメロディを感情豊かに表現しながらも、コードとリズムの変化を用いて曲を洗練させるそのスタイルは、韓国ポップのミュージシャンと大衆にとっては、むしろラップよりも受け入れやすいものだった。そして、**キム・ゴンモ**(**김건모**)、**キム・ジョハン**(**김조한**)、**ユ・ヨンジン**(**유영진**)、**チョ・ギュチャン**(**조규찬**)、**TASHA**(**윤미래**)など、韓国のR&Bを代表するアーティストが、九〇年代に次々と登場した。

キム・ゴンモをはじめ多くのミュージシャンは、ブラックミュージックの「ソウル」と韓国バラードが表現してきた「恨」の情緒に、どこか類似した感覚を感じ取っていた(『東亜日報』一九九三年一一月一八日)。たとえば、第1章で紹介したアメリカ帰りのミュージシャンであるイ・ヒョヌが「ブラックミュージックの情緒がトロットに似ている」(『月刊フォトミュージック』一九九一年九月)といったのは、まさに「ポンキ」のことを指していたに違いない。

韓国ポップとして定着したR&Bバラードは、二〇〇〇年代に入ると、二つの方向でますます拡大していった。

一つはメロディや感情を重視し、韓国バラードがもっていたポンキを隠さず、むしろより極限まで表現する流れ。もう一つは、ヒップホップへと接近しながらリズムとスタイルを重視し、ポンキを抑えながら、洗練されたポップとして表現する流れだった。

もちろんその二つが厳密に区別できないケースも多いが、K－POPが拡張する過程においては、明らかに後者の流れが重視されてきた。多くのミュージシャンは、ヒップホップとR&Bを横断しながら、また海外のミュージシャンとのコラボレーションをつうじて、洗練されたバラード、より正確にいえばアメリカのポップ界にも受け入れられるバラードをつくり出そうとした。

だからといって、韓国のバラードが特徴としてきたメロディが完全に塗りつぶされたわけではない。もしK－POPのバラードがポップとして定着したといえるなら、それはたんにポンキを消し、完全にアメリカのポップと化したからでもない。韓国語ラップがそうであったように、ポンキの感性とアメリカ的なサウンドやリズムとのバランスをとる方法をみつけたからであろう。韓国国内と海外の市場を同時にターゲットにするK－POPとしては、バランスをとることがつねに重要な課題となる。

そしてこのようなバランスは、海外メディアでよく使われる「韓国のソウルポップ(Korean soul pop)」という言葉が示すように、R&Bバラードだけではなく、K－POPとブラックミュージックが混淆された音楽的感性そのものをつくり出した。

バラードが表すサウンドの幅

二〇〇〇年代以降、K－POPが海外で大きな市場とファンダムを獲得していくなかで、バラードはK－POPの枠から外され、韓国ドラマのサウンドトラックを通して流通することから「韓流」の枠組みで受容されることが多かった。そこには「韓国のバラードは過剰なポンキとリズムの無さで、アメリカのポップ界では通用しないジャンル」という認識も作用していた。しかし前述した内容をみただけでも、韓国のバラードをそのように単純にとらえることができないと理解できるだろう。何より、ここ数年間でそのような認識を変える動きが出ている。バラードがK－POPの枠のなかで活発に語られているのだ。

その一例として、アメリカの『ビルボード』に掲載されている「評論家が選んだK－POPのベストアルバム」をみてみよう。ビルボードは、二〇一四年から「ベストK－POPアルバム」を掲載しはじめ、二〇一六年からは「評論家が選んだK-POPのベストアルバム」とタイトルを変えている。このリストは、毎年恒例の「評論家が選んだビルボードのベストアルバム」のK-POPバージョンともいえよう。

アメリカの評論家たちによってつくられたこの順位は、一般のiTunesチャートやビルボードチャートに表れる市場やファンダムの反応と一致しないところがある。K-POPは二〇一〇年代からアメリカのポップ界において重要な評論の対象となっている今、その現状を表しているという意味で重要なデータである。

韓国を代表するボーカリストとも呼ばれる**パク・ヒョシン**(**박효신**)、**ナオル**(**나얼**)、**キム・ボムス**(**김범수**)などは近年シングルの発表が主な活動となっているため選外となっているものの、このチャートには韓国のバラードがK-POPとして受容されている様子が顕著に表れている。

とくに、ロックバラード(Nell、CNBLUE、DAY6)、R&B/ヒップホップ・バラード(EPIK HIGH、SOL、DEAN、Heize)、ポップバラード(IU、**楽童ミュージシャン**(**악동뮤지션**)、**ペク・アヨン**(**백아연**))など、さまざまなジャンルのバラードがK-POPの枠のなかで論じられているのは興味深い。もちろんこのチャートでもアイドルグループの割合が圧倒的ではあるものの、K

表4　ビルボード「K-POPのベストアルバム10」

順位	2014年	2015年	2016年	2017年
1	2NE1『CRUSH』	Wonder Girls『REBOOT』	BTS『WINGS』	IU『Palette』
2	Nell(ネル)『Newton's Apple』	f(x)『4 Walls』	DAY6『DAYDREAM』	EPIK HIGH『We've Done Something Wonderful』
3	IU『A Flower Bookmark』	Brown Eyed Girls『Basic』	EXID『Street』	BTS『LOVE YOURSELF 承 'Her'』
4	ソ・テジ『Quiet Night』	BTS『The Most Beautiful Moment in Life, Pt. 2』	楽童ミュージシャン『Spring』	ペク・アヨン『Bittersweet』
5	HA:TFELT(イェウン)『Me?』	MFBTY『Wondaland』	DEAN『130 Mood: TRBL』	JJ Project『Verse 2』
6	SOL(Taeyang)『RISE』	IU『CHAT-SHIRE』	BIGBANG『MADE』	BOBBY『Love and Fall』
7	B.A.P『First Sensibility』	Red Velvet『The Red』	Tiffany『I Just Wanna Dance』	Heize『///』
8	EPIK HIGH『SHOEBOX』	2PM『NO.5』	SEVENTEEN『Going Seventeen』	HIGHLIGHT『Can You Feel It?』
9	CNBLUE『Can't Stop』	SEVENTEEN『17 Carat』	MAMAMOO『Melting』	SURAN『Walkin'』
10	RAIN(ピ)『Rain Effect』	東方神起『Rise as God』	GOT7『Flight Log: Fly』	Red Velvet『Perfect Velvet』

＊2017年は，20枚のアルバムが選ばれている．11．EXO『THE WAR』，12．Glen Check『The Glen Check Experience』，13．B1A4『Rollin'』，14．Zion.T『OO』，15．テヨン(少女時代)『My Voice』，16．CNBLUE『7°CN』，17．テミン(SHINee)『Move』，18．SEVENTEEN『Al1』，19．TWICE『Twicetagram』，20．イ・ヒョリ『Black』

－ＰＯＰが大型のアイドルグループのみで語られる傾向からは少し距離を置き、より広い視野でＫ－ＰＯＰの音楽的方向性を示している。

つまり「過剰なポンキとリズムの無さで、アメリカのポップ界では通用しないジャンル」だったバラードは、いまやむしろＫ－ＰＯＰの幅を拡げる一ジャンルとして、つまりＫ－ＰＯＰそのものとして消費されている。それは、韓国歌謡が韓国ポップへの転換を経てＫ－ＰＯＰへと変容してきたのだという事実を再確認させてくれる。

IU——Ｋ－ＰＯＰの里程標

このチャートには目を引くところが多々あるが、とくに目立つのはIU（アイユー）というアーティストである。二〇一四年に三位、二〇一五年に六位、二〇一七年に一位と、彼女のアルバムは発表されるたびに一貫して非常に高い評価を得ている。四年間で三つのアルバムが選ばれているのは、アイドルグループを含めてもBTSとIUのみである。

IUは、まだ中学生だった二〇〇八年にデビューしたシンガーソングライター。二〇一〇年に発表した「Good Day」がヒットして以来、市場とファンダム、評論家から同時に高い評価を得てきた。ヒット曲「Friday」「Palette」などは彼女が作詞作曲した歌である。

IUは、グループが大半であるK－POP界でソロアイドルとしての人気を維持しながら、世代を超えたミュージシャンとして活動している。たとえば一般の人びとを対象として行われる恒例の世論調査で、彼女は二〇一七年度「今年の歌手」一位に選ばれただけでなく、「夜の手紙」「秋の朝」という二曲が「今年の歌」の二位、三位に入り、そして「（個人に対する）アイドル選好度」でも一位となっている（韓国ギャラップ発表）。

幅広い人気の最も大きな要因は、いうまでもなくIU自身の音楽的感性と、それを表現する歌唱力や作詞作曲能力、そしてアーティストとしての位置付けであろう。彼女のアルバム『Palette』を一位にあげた『ビルボード』は、「音楽は強力な手段であり、K－POPはその輝かしいポップと華麗なビジュアルで金山になっていくだろう。それでもK－POPのスターは人間である。印象的で音楽的な多様性をもつこのアルバムは、アーティストたちの個人的な経験を音楽に注ぐことがいかに偉大な結果に繋がるのかを証明している」（『ビルボード』二〇一七年一二月一四日）と述べている。

その一方で、IUの活動において注目すべき点の一つは、オリジナル曲だけではなく、七〇年代から九〇年代までの多くの歌を積極的にカバーしてきたことにある。彼女の活動は、K－POPの感覚がいかに過去からの音楽的感性を受け継いでいるかを示すものでもあるのだ。

チョ・ドクペ(조덕배)の「私の昔話」(一九八五年)やヤン・ヒウン(양희은)の「秋の朝」(一九九一年)、第1章で述べたソバンチャの「オジェパム・イヤギ(ゆうべの話)」(一九八七年)やキム・ワンソンの「ピエロは私たちをみて笑う」(一九九〇年)など、彼女は二枚のカバーアルバムをつうじて、フォーク、バラード、ダンスなどさまざまなジャンルを横断しながら、韓国歌謡や韓国ポップ時代の曲をK-POPの感覚で再解釈してきた。

韓国歌謡や韓国ポップのカバーは、じつは他のK-POPアイドルも少なからず試みている。東方神起による「Balloons」(一九八六年)、BIGBANGによる「赤い夕焼け」(一九八八年)、少女時代による「少女時代」(一九九〇年)などが代表的な例だ。

もう一つ、IUの興味深い点は、さまざまなジャンルのミュージシャンとのコラボレーションである。一九七一年にデビューしたヤン・ヒウンとのコラボ(「Daydream」)からソ・テジ(「昭格洞(ソギョクドン)」)やG-DRAGON(「Palette」)まで、音楽や世代の幅も広い。じつはこのようなコラボレーションも、K-POPのなかでは頻繁に行われている。海外音楽との活発な混淆をつうじて拡張してきたK-POPだが、じつはその内部においても、さまざまな韓国のポピュラー音楽との混淆が同時に行われていたのである。

2　ガールグループの時代

ガールグループのアイデンティティ

二〇一八年、平昌オリンピックの閉会式。二〇一六年に解散したガールグループ2NE1の元メンバーCLが登場し、自身の代表曲「The Baddest Female(悪い女)」と2NE1の代表曲「I AM THE BEST」を披露すると、韓国国内ではすぐさま議論が巻き起こった。CL自身は、自分のイメージをうまく表現する曲と、参加した選手たちを応援するメッセージを表現した曲を選んだと説明したが、「「The Baddest Female」はオリンピックの舞台にふさわしくない」という不満の声が少なくなかった(『東亜日報』二〇一八年二月二六日)。

しかし考えてみると、これまでこのような舞台に上がった多くのポップスターたちは、CLのように自分を表現する曲を披露し、世界の人びとを沸かせてきた。たとえば二〇一二年のロンドンオリンピックの閉会式で、ガールグループ「スパイス・ガールズ」が披露したのは、彼女たちの代表曲「ワナビー」だった。「あなたが私の恋人になりたければ」というフックをもつこの曲が世界に示したのは、その歌詞のメッセージではなく、世界から愛されてきた英国ポップの感覚そのものだったはずである。また、平昌で多くの韓国人がその登場を望んでいたPsyの「江南スタイル」(もし舞台に上がっていたら必ず歌っていただろう)にしても、「夜になると心臓が熱くなる女」というその歌詞がオリンピックの舞台にふさわしいとはとても思えない。人びとがPsyを求めたのは、K-POPの感覚を世界に示したいという欲望が働いたからなのだ。

ならばCLに対する不満は、本当にその歌詞だけに対するものだったのだろうかという疑問をもたざるを得ない。本当の原因は、彼女の真っ黒なドレスとスモーキーなメイクアップ、自信に満ちたしぐさとパフォーマンスが、これまでオリンピックのような大舞台で演出されてきた、純白のドレスや韓服(ハンボク)、優雅さや上品さ(だと思われるもの)にこだわったパフォーマンスのような伝統的な韓国の女性像に反するものだったからではないだろうか。

このような疑問をもつ理由は、これまでガールグループや女性アイドルに対しては、凝り固まったイメージや偏見が向けられてきたからである。

韓国のアイドル専門ウェブマガジン『Idology』は、二〇一五年「ガールグループ地形図」という興味深い記事を出している。この「地形図」は、二〇一五年当時のガールグループを「少女的イメージと成熟したイメージ」の横軸と「日常的イメージと非日常的イメージ」の縦

図3　2015年韓国ガールグループ地形図(『Idology』2015. 7. 31)

軸のうえに位置付けている。

この図3によれば、CLが所属していた2NE1は、非日常的なイメージと成熟したイメージ両方を強くもつ。おそらく強烈なパフォーマンスから出るカリスマ性と個性のようなものを意味しているのだろう。そしてそれは、もちろん韓国での「伝統的な女性像」とは程遠い。つまり、このようなイメージをもつCLにオリンピックの舞台で国の「代表性」を与えてもいいのかというのが、不満の背景にある根本的な意識だったのではないだろうか。

CLのような非日常的かつ成熟したイメージをもったアイドルだけではない。そもそも女性アイドルには、与えられたイメージから脱却することが許されない場合が多い。社会の出来事に対して意見を述べたり自分を主張したりして、批判の的になることも少なくない。

二〇一八年三月にRed Velvetのメンバーであるアイ

リーンがテレビ番組関連イベントである本を読んだと述べただけで、一部の男性ファンたちからバッシングを受けたことは代表的な事例であろう。

その本とは、二〇一七年のベストセラー(教保文庫集計総合二位)『八二年生まれのキム・ジヨン』(チョ・ナムジュ著、民音社)のことだった。韓国社会を生きる女性のリアルを実際の統計を用いながら描いた小説で、タイトルそのものが二〇一七年を象徴するキーワードになるほど大きな反響を呼んだ。大統領夫婦やソウル市長をはじめ、この小説を読んだと感想を述べた人は後を絶たない。その本を、とくにコメントもなくただ「読んだ」と述べただけで、「女性アイドルがフェミニズムの本を読んだ」として、アイリーンは写真が燃やされるなどの攻撃を受けたのである。

この出来事は極端な事例にみえるかもしれないが、ガールグループに向けられたまなざしがいかに暴力的に働くのかを理解するには十分なものだろう。ガールグループには、与えられたアイデンティティ以外の自己を示すことが許されないという日頃の現実があるのだ。

そういう意味では、ガールグループの多様な個性を紹介するためにつくられた「ガールグループ地形図」が逆説的に示しているのは、ガールグループに許されたアイデンティティの範囲のようにみえる。したがって、ガールグループが歩んできた道を振り返るのは、許されたアイデンティティとの緊張関係のなかで、「彼女たちのポップ」がいかに拡張してきたのかをみることに他ならないだろう。

少女時代――ガールグループの可能性

九〇年代後半にK－POPアイドルが誕生してから一〇年間、アイドルグループの歴史は、ボーイバンドの歴史だったといっても過言ではない。多くのボーイバンドは、社会批判的な歌詞で若者の文化を代弁したり、メディアと法制度をめぐり既存の秩序と葛藤を起こしたり、新しいサウンドやファッションを積極的に流行させた。

しかしガールグループにはそのようなことは許されなかった。「かわいさ」と「セクシーさ」という極端な選択肢しかもち得なかったガールグループは、つねにボーイバンドの補助的存在として消費されつづけた。社会的なメッセージがガールグループによって歌われることもなかった。音楽やメディアのシステムが男性を中心に動いていたこと、献身的なファンダムをもっていなかったこと、女性ミュージシャンに対する偏見に近い認識があったことなどが、その理由であろう。

そのようなガールグループの地位を大きく変えたのは、いうまでもなく少女時代だった。

ＳＭエンターテインメントから二〇〇七年にデビューした九人組ガールグループ少女時代は、産業的な側面からしても、音楽的な側面からしても、他のボーイバンドを圧倒しながら、ガールグループの枠を超え、Ｋ‐ＰＯＰそのものを象徴するアイコンとしての地位を手にした。「Kissing You」「Gee」「GENIE」「I Got a Boy」「Mr. Mr.」などの数々のヒット曲とともに、その市場とファンダムがグローバルに拡張するなかで、彼女たちには、かわいがられる存在ではなく憧れられる存在としてのまなざしが向けられていった。

洗練されたサウンドと歌、パワフルなラップとパフォーマンス、レコード市場での影響力、国内外の献身的なファンダムとコンサート動員力など、それまでボーイバンドによって独占されていた要素すべてをそろえた少女時代は、日本だけでも「日本レコード大賞」で新人賞受賞(二〇一〇年)、アルバム『GIRLS' GENERATION』でミリオン認定(二〇一一年)、「紅白」出場(二〇一一年)、東京ドーム公演(二〇一四年)などの数々の記録を残した。そして三人が移籍した二〇一七年まで、彼女たちは「疑う余地のないＫ‐ＰＯＰの女王」(『ビルボード』二〇一七年七月一二日)としての地位を世界のポップ界に示した。

少女時代は、市場やファンだけではなく、世界中のミュージシャンたちを魅了するアーティストでもあった。それは、ＳＭエンターテインメントが二〇〇〇年代から模索しつづけた海外のミュージシャンとの協業をシステム化させるきっかけとなった。

たとえば、『ビルボード』(二〇一七年一〇月七日)が選んだ「歴史上最も偉大なガールグループ・ソング100」(一位は一九六三年のザ・ロネッツ「Be My Baby」)の第二一位に選ばれた少女時代の「I Got a Boy」の共同作曲に参加したノルウェーの作曲家アンヌ・ジュディス・ウィク。彼女がK-POPに関わりはじめたのは、少女時代の「GENIE」の作曲に参加した二〇〇八年だった。「アジアでブームになっているK-POPに参加しないかという提案を受けてYouTubeでミュージックビデオを調べてみたら、どこでも聞いたことのない新鮮な音楽だった。作業してみたくなったし、何より楽しそうだった」(『10ASIA』二〇一四年一〇月一〇日)のが、そのはじまりだったという。

実際二〇一〇年頃から「北ヨーロッパの作曲家による音楽・アメリカの振付師によるダンス構成・韓国のプロデューシング」のようなSMエンターテインメントの協業システムが定着した。アンヌ・ジュディス・ウィクも述べたように、海外のミュージシャンたちをひきつけたのは、少女時代のミュージックビデオに表れる「優れたパフォーマンスとビジュアル、歌唱力が混ざり合ったクオリティ」(『時事ジャーナル』二〇一〇年一一月八日)だった。その新たな感覚をもつポップに参加する海外のアーティストが、この時期から急増した。

象徴的なのが、世界中のミュージシャンがソウルに集まって協同で音楽をつくる、いわゆる「ソングキャンプ(正確にはSong Writing Camp)」。この集団的創作システムは、九〇年代に北ヨーロッパのミュージシャンたちによってはじめられた。それを二〇〇〇年代後半にはSMが導入した。少女時代をはじめとするK-POPを「発見」した海外のミュージシャンたちが集められ、K-POPの新しさを維持していくためのエネルギーとなった。少女時代の「Mr. Mr.」、f(x)の「4 Walls」、EXOの「Monster」と「Lucky One」など、数々の曲がこのソングキャンプからつくられ、今もつくられつづけている。

二〇〇〇年代までは海外ミュージシャンから曲をもらうために世界中を飛び回らねばならなかったK-POPは、SMのソングキャンプにつけられた「Soul to Seoul」というタイトルのように、世界中のミュージシャンが集まる空間と化していった。その劇的な転換は、少女時代を除いては説明できない現象なのだ。

また巡り逢えた世界

二〇一六年の夏。ソウルの梨花《イファ》女子大学では学生たちによるデモが毎日行われていた。学内経営陣による生涯教育支援事業(未来ライフ大学)推進に反対するためにはじまったこのデモは、後に朴槿恵《パククネ》元大統領の不正スキャンダルの共犯でもある崔順実《チェスンシル》の娘チョン・ユラの不正入学疑惑に繋がり、結果的に二〇一六年冬の「キャンドルデモ」のトリガーとなるものだった。

七月三〇日、YouTubeにはスマートフォンで撮影した驚くべき映像がアップロードされた。その映像には、本館で座り込みのデモをつづけていた二〇〇人の学生たちを解散させるために、一六〇〇人の警察が学内に突入した様子が映されていた。

しかしその映像のなかのワンシーンが、また別の意味で話題を呼んだ。解散する直前、学生たちは震えながら互いの腕を組んで歌を歌っていたが、その曲が学生運動の場で歌われてきたいわゆる「民衆歌謡」ではなく、少女時代の「Into the New World（また巡り逢えた世界）」だったからだ。

　この世界のなかで繰り返される悲しみよ、もうさようなら。君を思い出すだけで、私は強くなる。（「Into the New World」）

そしてその冬、延べ一〇〇〇万人を超えた大規模なキャンドルデモで、一〇代から二〇代の女性を中心とする若者たちは、「Into the New World」を歌いつづけた。

民主化や自由化がなされた八〇年代後半以降、歌は「集団のもの」から「個人のもの」に変わっていった。アイドルはそんな時代の変化のなかで生まれた。しかし、そのアイドルの歌が、その後に生まれた新しい世代によって、「集団の意識と感情」を表す手段として共有されたのである。

自分たちのデビュー曲が、そのような社会的な影響を与えたことに対して、少女時代のメンバーたちも、「歌手として大きなプライドを感じた瞬間。自分がこの仕事をつうじて伝えたかったこと」(ユリ)、「女性が他の女性に力を与えられたことに、少女時代として誇らしい瞬間だった」(ティファニー)と、喜びと共感を示した(『ハフポスト』二〇一七年八月六日)。

この強烈な出来事は、「美貌・ダンス・音楽性」をそろえたビデオ型歌手として輸入されたアイドルの社会的意味が、韓国の大衆はいうまでもなく、アイドル自身のなかでも大きく変化した瞬間だった。そしてそれは、少女時代という、ただかわいい、かわいがられる存在ではなく憧れられる存在の歌だったからこそ可能なことだった。

Wonder Girls と 2NE1 の道

アメリカの音楽メディア『MTV Iggy』が選んだ二〇一一年の「最優秀新人バンド」。『SPIN』

が選んだ二〇一一年の「ベスト・ポップ・アルバム」六位。

二〇〇九年にYGエンターテインメントからデビューした四人組ガールグループ2NE1がアメリカで鮮烈なデビューを果たした二〇一一年に残した記録である。これらを目にしたとき、多くの人びとは自然にもう一つのガールグループのことを思い浮かべた。

Wonder Girls

二〇〇〇年代初頭にgodとピ（RAIN）を輩出して大手エンターテインメント入りし、いまは2PMとGOT7、DAY6、そしてTWICEが所属しているJYPエンターテインメント。そのJYPが二〇〇七年に送り出した五人組のガールグループである。

八〇年代にヒットしたStacey Qの「Two of Hearts」をサンプリングした「Tell Me」（二〇〇七年）、六〇年代のアメリカンポップを感じさせる復古風の歌「Nobody」（二〇〇八年）が連続で大ヒットを記録し、「国民的ガールグループ」と呼ばれていたWonder Girlsは、韓国とアジアでの人気を背負い、二〇〇九年にアメリカ市場へ挑んだ。

Wonder Girlsを育てたプロデューサーのパク・ジニョンは、徹底した現地化戦略をとった。彼女たちは、アメリカでは新人歌手の登竜門であるトップアーティスト（ジョナス・ブラザーズ）のオープニング・ステージと地域イベント出演のために、ツアーバスで寝泊まりしながらアメリカ全域を回ったという。

その成果は小さくはなかった。英語詞で歌った「Nobody」が、韓国人歌手としては初めてビルボード・シングルチャート七六位にランクインするなど、Wonder Girlsは徐々にアメリカでの知名度を上げていった。

しかし、Wonder Girlsが伝統的な方式でアメリカ進出に挑んでいるあいだ、二〇一〇年前後におけるK－POPの位相とその空間の構造は、JYPが思っていた以上に急速に変わっていった。

それを可能にしたのはYouTubeだった。当時JYPエンターテインメントのあるプロデューサーは、「YouTubeはあくまでも補助手段。ファン層を広げ、安定的に活動するためには、現地で直接ネットワークを築き、音盤を発売することが大事だ」（『中央日報』二〇一一年一月一六日）と信じていたが、YouTubeはあっという間に補助手段を超え、ポップの中心になっていた。

もはや英語圏での活動のために英語バージョンを発表する必要もなくなっていた。急速に増えた世界中のK－POPファンたちは、韓国語と英語が混ざったラップと歌に慣れていたし、必要であればボランティアが字幕を付け共有した。

ツアーバスで全米を回る必要もなかった。ファンたちは、YouTubeをつうじていつでも自分の好きなガールグループとボーイバンドに出会い、ツイッターをつうじて強いネットワークを築くことができたし、欧米のミュージシャンたちはK－POPアーティストと協業を行うためにソウル行きの飛行機に乗りはじめた。

もちろんWonder Girlsのアメリカ進出が無謀な挑戦だったという意味ではない。ただ彼女らがバスのなかでインスタントラーメンを食べ、ひざまずいて現地の人の靴にサインをしながらツアーバスに乗りつづけるには、K－POPをめぐる音楽とメディアの空間自体があまりにも異なる次元に移行していたのである。

そしてWonder Girlsのアメリカ進出のたった二年後、2NE1がアメリカデビューを果たす。その過程は、まさに異次元への移行を物語っていた。

二〇一一年は、『ビルボード』が「K－POPチャート」を新設するなど、欧米の有力メディアがK－POPを先端のポップ音楽として真剣に注目しはじめた年である。そのような雰囲気のなかで、2NE1にはすでにYouTubeを通して大きなファンダムが形成されていた。アメリカでデビューする前から、彼女たちの音楽はすでに広く受容されていたのである。したがって、2NE1たちがニューヨークのMTVスタジオで「MTV Iggy最優秀新人バンド」記念コンサートの舞台に上がったとき、英語版の歌を用意する必要はなかった。会場を埋め尽くしたファンたちは、彼女たちの韓国語の歌を聴き、一緒に楽しむ準備ができていたからだ。

二〇一四年に発表した2NE1のヒット曲「I AM THE BEST」が、マイクロソフトのSurface Pro 3のCMソングとして、アメリカをはじめ、日本を含む世界中に流れた。アップルのMac Book AirとSurface Pro 3を並べて比較する映像と、ダンス・ラップ・ポップが混淆されたサウンド、そして「私が一番イケてる(I am the best)」と繰り返す韓国語ラップは、技術的優位を訴えようとするマイクロソフトの戦略と意気込みを効果的に表すものだった(『ビルボード』二〇一四年七月一二日)。

ここでWonder Girlsと2NE1のどちらが成功したのかを述べる必要はないだろう。実際『ビルボード』は、二〇一七年、過去一〇年間最も成功したK-POPガールグループとして、一位の少女時代につづき、2NE1とWonder Girlsを二位と三位にあげている(『ビルボード』二〇一四年八月一三日)。

この二つのガールグループは、優劣をつけることのできない偉業を成し遂げてきた。この二つの異なる道は、ボーイバンド中心のK-POP界で、少女時代と同様にガールグループが新たな地位を獲得していく過程を示すものだった。

Red Velvet と BLACKPINK

少女時代とWonder Girls、2NE1によって拡張したK－POPガールグループの世界は、この三つのグループがそれぞれSM、JYP、YGという異なるエンターテインメント社に所属していることからわかるように、各自の系譜に受け継がれてきた。

二〇一四年にSMエンターテインメントからデビューした五人組ガールグループRed Velvetは、少女時代とf(x)のDNAを受け継いだグループである。f(x)は、少女時代の「Gee」が大ヒットした二〇〇九年にデビューした四人組(デビュー当初は五人)の多国籍(韓国、台湾／アメリカ、中国、韓国／アメリカ)ガールグループである。

少女時代のような爆発的な大衆性はないものの、アルバムごとにR&Bとヒップホップ、エレクトロなどの幅広いジャンルを横断する実験的サウンドとパフォーマンスを試みつづけ、ガールグループの音楽的幅を大きく拡げた。たとえば二〇一三年に発表した『Pink Tape』が、アメリカの音楽専門ケーブル『FUSE TV』が選んだ「二〇一三年ベストアルバム41」にビヨンセ、ジョン・レジェンドなどとともに選ばれるなど、その「革新的なサウンドとハーモニー」(『FUSE』二〇一三年一二月一八日)が高く評価されてきた。

f(x)のデビューから五年後の二〇一四年にデビューしたRed Velvetは、最初から少女時代がもつ大衆性とf(x)がもつ実験性とを融合することをコンセプトにした五人組(デビュー当初は四人)ガールグループである。「Red」は強烈なサウンドとはつらつとした魅力を、「Velvet」は洗練されたサウンドと繊細な演出を象徴している。たとえば、平壌で開かれた南北合同公演で歌った二曲のうち、「赤い味」はRedのコンセプトに、「Bad Boy」はVelvetのコンセプトにあたる。

Red Velvetは、これまで四枚のアルバムが『ビルボード』のワールドアルバムチャート一位になるなど、グローバルな市場とファンダム、評論家の支持を同時に得ている。

またYGエンターテインメントから二〇一六年にデビューした四人組ガールグループBLACKPINKから、個性を強調するサウンドとパフォーマンスをウリにした2NE1の色を感じるのは難しくない。多国籍(韓国、韓国系ニュージランド、タイ)で構成され、二〇一七年七月に武道館で正式デビューを果たし、日本にも多くのファンをもつ。

BLACKPINKは、とくにYouTubeで絶対的な人気を誇ってきた。「BOOMBAYAH」(三・二億回)、「WHISTLE」(二・二億回)、「PLAYING WITH FIRE」(二・二億回)、「STAY」(一・一億回)、「AS IF IT'S YOUR LAST」(三・二億回)。この驚異的なYouTube再生回数(二〇一八年六月二五日現在)は、彼女らがたった二年で記録したものである。また「DDU-DU DDU-DU」は、たったの二週間で一・三億回という数字を記録している。そしてビルボードのアルバムチャート(四〇位)とシングルチャート(五五位)に同時にランクインした(六月三〇日)。BLACKPINKは、その活動方式においても、音楽以外の芸能活動を抑えながらYouTubeやコンサートを中心にグローバルな市場とファンダムを獲得した2NE1の後を継いでいるようにみえる。

この一〇年近くのあいだに、K－POPはもちろんグローバルなポップのなかでガールグループが急速に存在感を増してきたことを考えれば、第三、四世代のガールグループが上の世代のかたちを受け継ぐのは自然なことであろう。

しかし同時に問われているのは、市場の規模やチャートでの成果ではなく、ガールグループとしてのアイデンティティの拡張性である。少女時代、Wonder Girls、2NE1が乗り越えようとした「与えられたガールグループのアイデンティティ」は、今どのように意識されているのか。「コンセプト」が音楽とパフォーマンスのすべてを決めるなかで、個々のアーティストの物語はどこに位置付けられるのか。

このような問いは、結局K－POPのガールグループに向けられてきた二重のまなざしからの脱却という問題にもつながるだろう。二重のまなざしとはつまり、ガールグループを規定する韓国社会のなかの保守的な認識、そしてアイドルという「規格化された商品」への疑問のこである。

もちろんそのアンビバレントなまなざしは、おそらく延々とK－POPを構成する要素としてて作用するだろう。

たとえば二〇一二年一〇月八日にアメリカの代表的な文芸雑誌『ザ・ニューヨーカー』に掲載された九ページにわたるK－POP分析記事は、そのようなまなざしを顕著に表している。有名なポピュラー文化ジャーナリストであるジョン・シーブルックは、「ファクトリー・ガールズ」という皮肉なタイトルを付けた。整形手術でつくられた肉体の美しさに執着するK－POPスターは、楽器を演奏することもほとんどなく、工場のようなシステムによって生産されている——このように冷静に指摘しながらも、アメリカのファンと音楽関係者を魅了した少女時代のミュージックビデオを繰り返し観るうちに、自分も彼女らを愛してしまったことに気づいた、それはJ－POPのアイドルとはまったく異なるものである、と熱く述べている。

また、独創的なアーティストやポップ音楽で溢れるアメリカの市場で、K－POPがどこまでアピールできるかは悲観的であるとしながらも、K－POPコンサートについては、「クライマックスを迎えたとき、観客から原初的なポップの感性、つまり純粋な愛の感情を引き出していた。それはビーチボーイズや初期のビートルズ、フィル・スペクターがプロデュースしたガールグループなど、少数の偉大なポップアーティストだけができることだった」と書いている。

結局ガールグループの拡張性は、Ｋ－ＰＯＰアイドルグループのコンセプトを生かしながらも、与えられたアイデンティティや二重のまなざしに埋没しない、個々のアーティストとしての能力と物語をいかに独創的に表現していくかによって生まれるだろう。

もちろんそれは簡単なことではない。しかし、その切り口の一つは、Wonder Girls が発表した『REBOOT』(二〇一五年)と『Why So Lonely』(二〇一六年)が示している。Wonder Girls は、中毒性の強いフックと簡単な振り付けで人気を誇った。もちろんそのＤＮＡは、missA を経てTWICE に受け継がれている。しかしここで注目したいのは、この二枚のアルバムは一曲を除いたすべての曲を、メンバー全員で直接作詞作曲してつくり上げていることだ。このような試みは、音楽的にも高い成果として評価された。先に紹介したビルボード「Ｋ－ＰＯＰのベストアルバム」の二〇一五年の第一位は、Wonder Girls の『REBOOT』だった。

もちろん「ガールグループがみな作詞作曲能力をもつべきだ」といいたいわけではない。ただ、BIGBANG 以降、多くのボーイバンドが自ら音楽をつくり、派手なパフォーマンスとともに自らの物語を紡ぎながらアーティストとしての地位を獲得している。この新たな傾向のもとで、ガールグループのアイデンティティについても問い直す必要があるのは確かであろう。上の世代のDNAを受け継ぎつつ、自分をより積極的に表現しながら、より完成度の高い音楽やパフォーマンスを披露していくことは可能か。ガールグループに対する認識と視線は変わるのか。個々のアーティストとしての能力と物語を表現する十分な機会は与えられるか。それによって、ガールグループの系譜はもちろん、K‐POPという世界の拡張性もまた大きく変わるだろう。

第4章
K-POP の核心
「K」と「POP」の欲望

2017年，アメリカン・ミュージック・アワードでのBTS(Photo/Getty Images)

1　グローバル化するK-POP

「江南スタイル」——新たな展開

二〇一八年二月九日に行われた平昌オリンピックの開会式。南北選手団の合同入場、キム・ヨナによるフィギュアスケーティングと聖火点灯、「人面鳥」の登場シーンなど印象的な演出は数多く存在したが、そのなかでも最も会場を盛り上げたのは、Psyの「江南スタイル」が流れた瞬間だっただろう。

「江南スタイル」は、「これまで世界で最も成功したK-POPソング」(『ニューヨークタイムズ』二〇一八年二月一〇日)として、「ポップ音楽そのものを変えた」(『ピッチフォーク』二〇一七年七月一三日)といわれてきた。

もともと「江南スタイル」は、デビュー一二年目を迎えたPsyが韓国国内向けに発表したものだった。韓国人向けの内輪ネタにあふれたミュージックビデオからも、B級のにおいが漂っていた。

しかし、エレクトロ・ハウスのサウンドに合わせた韓国語のラップと歌、「乗馬ダンス

(horse dance)」と呼ばれるパフォーマンスに、世界中の人びとが爆発的に反応した。YouTubeは、乗馬ダンスをパロディした自作動画であふれた。七月一五日のアルバム発売と同時にアップロードされたミュージックビデオの再生回数は、たった三カ月で五億回を超え、五カ月後の一二月二二日には一〇億回を超えていた。一日で数百万人(多い日は一〇〇〇万人)が「江南スタイル」を観たのである。二〇一八年六月現在、再生回数は三一・五億回を超えている。「江南スタイル」現象は、YouTubeの外でも進んだ。たとえばPsyがパリを訪問したさいには、エッフェル塔の前に二万人が集まった。

だが、ソーシャルメディアでのグローバルな人気をより現実的なものとして世界に認知させたのは、伝統的な音楽チャートだった。全英シングルチャートの一位(二〇一二年九月)をはじめ、三三の国と地域の公式チャートで一位を獲得したのである。

とくにそれまでK-POPに対して比較的に冷静な反応を示していたアメリカでの人気は、K-POPのグローバルな展開を加速させるものだった。「江南スタイル」はアメリカのビルボード・シングルチャートの二位まで上がり、七週間その座を維持した。テレビや新聞、雑誌が競ってPsyと「江南スタイル」現象に注目した。

そのクライマックスは、一一月のアメリカン・ミュージック・アワードだった。「江南スタイル」の発表からたった五カ月でPsyは、アメリカの三大音楽賞の一つであるこの舞台でニューメディア賞を受賞した。しかも「大トリ」を任されたということで大きな話題を呼んだ。だが、何よりポップファンたちを大いに沸かせたのはその舞台だった。「江南スタイル」の途中でM.C.ハマーが登場し、ジョイント公演を行ったのである。第1章で説明した通り、M.C.ハマーは、韓国ポップがブラックミュージックと出会った頃に世界を席巻したアーティストである。

この舞台は、『ビルボード』(二〇一七年一一月一七日)が一九七四年以降のすべてのステージのなかから選定した「アメリカン・ミュージック・アワードのベストステージ20」の第七位に選ばれた。そこでPsyは、M.C.ハマーの一九九一年のヒット曲「Too Legit To Quit」をリミックスし、「江南スタイル」に重ねた。そして二人が並んで「乗馬ダンス」を披露した。それに熱狂する観客の姿は、長い時間をかけて出会いを育んだK－POPとポップとの関係が公的に承認されたことを象徴するかのようだった。

問われる「韓国的なもの」

「江南スタイル」が生んだグローバルな現象をどうみるか。誰にも(もちろんPsy自身にも)予想できなかった出来事に、多くの人がこう問いかけた。「江南スタイル」は「韓国的なもの」なのか。ならば、その「韓国的なもの」とは何なのか。

曲のリズムからは国楽の伝統的リズムが、パフォーマンスからは韓国人特有の気運と熱情が、「乗馬ダンス」からは騎馬民族の気質が表れている――「江南スタイル」の人気を伝統的な意味での「韓国的なもの」から探ろうとした論者たちは、このように真剣に主張した。つまり韓国音楽の伝統と韓国人の気質が「江南スタイル」の元となり、Psyを世界的ミュージシャンに導いた、と。

一方で、韓国的かどうかなど関係ないと主張した論者たちは、「江南スタイル」を一九八七年の「ラ・バンバ」、九三年の「恋のマカレナ」のように、非英語圏でつくられた単発的な世界的メガヒット曲の一環としてとらえた。欧米のリズムにのった異質で面白い歌とダンスに、世界の人びとがたまたま反応しただけである、と。さらにいえば、「江南スタイル」は真の「韓国的なもの」ではないという認識が、そこには含まれていたともいえよう。

「江南スタイル」が非英語圏から突然現れたメガヒット曲であることは確かであろう。しかし重要なのは、その「異質性」がどこからきたのかということである。Psyは、「江南スタイル」の後も、「Gentleman」(再生回数一一億回、ビルボード・シングルチャート五位)、「Hangover」

（再生回数三・一億回、ビルボード・シングルチャート二六位）、「Daddy」（再生回数三・四億回、ビルボード・シングルチャート九七位）などを次々と発表した。たしかに「江南スタイル」のような爆発性はないものの、安定した市場とファンダムを確保しつづけた。そのなかで一貫して表現されている「異質性」は、結局「韓国的なもの」なのではないだろうか。

しかしその「韓国的なもの」としての性格を、韓国音楽の伝統や韓国人の気質などから説明することは説得力に欠ける。そのような主張は、「江南スタイル」がポップであることを看過した、たんなる過剰な愛国主義にすぎない。

「江南スタイル」がもつ「韓国的なもの」としての性格は、当然ながら「K－POP」が追求してきたポップのフレームのなかで考えるべきであろう。K－POPが発信してきた「K」とは何なのか。何がこのポップを「K」すなわち「韓国的なもの」にするのか。いうまでもなくその答えは、本書が述べてきた「K－POP」の歩みのなかにある。

K－POPの核心にあるもの

ここで「江南スタイル」の特徴を、音楽、歌詞、ダンス、ミュージシャン、メディアに分けて、もう少し具体的にみてみよう。

(1)サウンドやリズムは、二〇一〇年代から世界的に流行したEDM(エレクトロニック・ダンス・ミュージック)、そのなかでもエレクトロ・ハウスというジャンルに基づいている。
(2)ラップや歌は、ほぼすべてが韓国語でつくられている。
(3)「乗馬ダンス」は、一九八八、八九年頃、韓国のナイトクラブで流行したダンスを、新たにアレンジしたものである。
(4)タイトルでもあり、ミュージックビデオの風景でもある「江南」は、漢江《ハンガン》の南側(明洞《ミョンドン》などがあるソウル市内は北側にある)で、七〇年代から開発され、九〇年代から韓国の新たな経済的・社会的・文化的中心として浮上した新都心である。
(5)江南で生まれ育ち、アメリカ留学を経て、一九九九年にデビューしたPsyは、「江南スタイル」がヒットする前も、流行のサウンドと「B級」な歌詞、パフォーマンスで、韓国のトップミュージシャンとして活動していた。
(6)「江南スタイル」は、ミュージックビデオがさまざまなUGC(リアクション、パロディ、リミックスビデオ)をもたらし、SNSでの爆発的な反応によって拡散した。

この六つの要素には、これまでみてきた八〇年代後半からのK－POPの歩みが圧縮されており、実際、「K」の性格を物語っているようにもみえる。

つねに流行のサウンドとリズムを求め(1)、それらを韓国語のラップや歌と融合させてきたこと(2)、韓国社会やポピュラー音楽が再構築された八〇年代後半から新たな都市・メディア文化を経験した「若者」たちが、アーティストと大衆としてポピュラー音楽をつくってきたこと(3、4、5)、そして次々と登場してきた新しいメディアを、(音楽(家)の権利の問題とは別の文脈で)音楽(家)を広く共有させる手段として用いてきたこと(6)は、K－POPが通ってきた道そのものだからだ。

このような特徴は、K－POPの核心ともいえる。そして、その核心が明確なかたちでは存在していないことも意味している。

ポップは、つねに変化する先端のサウンドとリズム、新たな都市・メディア文化を経験した若者たちの感性、技術やメディア環境、そして音楽(家)の音楽的欲望によって更新されてきた。K－POPの核心もつねに流動的に変化してきたし、いまも真正性などを問うことなく、あらゆる変化に開かれている。

したがって、K－POPから「韓国的なもの」をとらえたいなら、K－POPという空間が、つねに変化するポップの感覚とさまざまな主体の欲望とをどのように媒介しているのかを問わねばならない。

それは、韓国のポップ市場の規模のような量的な問題ではない。端的にいえば、「韓国でウケるポップは何か」という、感覚と感情が混ざり合った質的な問題である。洗練と親しみやすさ、面白さと政治的正しさ、刺激と安心感など、さまざまな要素のバランスが韓国の文脈でとれていないと、当然韓国では受け入れられない。そして、ヒットの程度の差はあっても、韓国でまったく受け入れられなかったK－POPが、海外でのみ成功したという事例はおそらく存在しない。

ならば、どうすれば韓国でウケるのか。また、どうすれば同時に世界でウケるのか。それは、Psy自身が「なぜ江南スタイルがあれだけ成功したのか、いまだに疑問だ」（『JTBC』二〇一七年五月一三日）と述べているように、誰にもわからない。アカデミズムも、ジャーナリズムも、「現地化」「グローバル化戦略」「国の文化政策」などの用語を用いて事後的に分析するだけだ。

「江南スタイル」のグローバルな成功は、「ヒットするポップ」がつねにそうであるように、さまざまな感覚や欲望が重層的に重なって生み出された音楽と、そのときの人びとの感覚や欲望との偶然の出会いによって生み出されたものである。つまり、韓国や世界で流行したそのときの音楽が、そのときのＫ－ＰＯＰの核心なのだ。「江南スタイル」がもつ六つの要素がそうであるように、そのときの音楽からみえてくる要素の集合体こそが、「Ｋ」すなわち「韓国的なもの」なのである。

その集合体のなかから一つひとつの要素を取り出して、それが「韓国的なもの」かどうか、どのようにしてグローバルに受け入れられたのかを問うても、答えは出ないだろう。Ｋ－ＰＯＰにおいて最も「韓国的」なのは、あらゆる感覚と欲望を媒介するＫ－ＰＯＰのあり方そのものだからだ。

「Ｋ」と国家

「Ｋとは何か」という問いは、結局「Ｋ」をめぐる欲望を問うことにつながる。前述した「江南スタイル」の愛国主義的な解釈からもわかるように、「韓国的なもの」は、さまざまな欲望に合わせて都合よくつくり出され得るものだからだ。

その代表的な例が、Ｋ－ＰＯＰにおける「国家」の位置付けである。

Ｋ－ＰＯＰのグローバルな成功に韓国政府はどのような役割を担ってきたのか。このことは、これまでも絶えず問われつづけてきた。そして結論からいえば、Ｋ－ＰＯＰに対する韓国政府の役割はつねに誇張されてきたといえよう。

その誇張は、主に二つの立場からなされてきた。

一つは、韓国から発信されたコンテンツのグローバルな成功、あるいはK－POPそのものの音楽的価値を格下げしようとする立場によるものである。簡単にいえば、K－POPは韓国政府の経済的・政策的支援がつくり上げたものであるという主張だ。この主張からすれば、K－POPのビルボードチャート入りも、YouTubeの再生回数も、ファンダムの拡大も、すべて韓国政府の支援によって可能になったことになる。そこでは、アーティストの存在も、大衆の嗜好も、メディア環境も、資本の動きもまったく考慮されていない。

もう一つは、K－POPがグローバル化しはじめた二〇一〇年代以降、「K－POPに対する政府の支援を惜しまない」と自画自賛しつづけてきた韓国政府と、その言説を拡散させたマスメディアによるものである。K－POPを中心においた二〇一二年の「韓流発展戦略」（文化体育観光部）の推進など、これまで韓国政府はK－POPを含む「韓流」に関わる政策や事業を実施してきた。

しかし実際にはそのほとんどは、韓国政府がK－POPのイメージを国家ブランドの構築や政権広報、事業運営に利用したに過ぎないものであった。

たとえば、朴槿恵政権（二〇一三年二月〜二〇一七年三月）による文化政策。二〇一三年に大統領に就任した朴槿恵は、「創造経済」と「文化隆盛」をキャッチフレーズとして掲げたものの、「創造経済」が何を意味しているのか曖昧だという批判の声に直面した。すると朴槿恵は、Psyの「江南スタイル」を「創造経済」の代表的な事例としてあげ、世間を戸惑わせた。「江南スタイル」は、彼女が就任する前に発表された曲だったからだ。

それ以降K－POPは、朴槿恵と政権のイメージづくりに使われた。二〇一四、一五年に香港で開催されたK－POPフェスティバルMAMA（Mnetアジアン・ミュージック・アワード）では、朴槿恵の挨拶映像が放送された。これは政府の圧力によるものだったことが、後に明らかとなった。

二〇一六年夏には各種のスキャンダルが次々と浮き彫りになり、市民たちによる大規模なキャンドルデモが発生し、翌一七年には朴槿恵の弾劾と政権の終焉へと至る。

その過程で、政府に対する批判や「セウォル号」沈没事故の真相究明のための署名活動などを理由に、朴政権が九四七三名の文化芸術関係者をいわゆる「ブラックリスト」に入れ検閲・統制・管理していたことが発覚した。また、「文化ブランドの確立」「文化芸術人材育成」などを標榜して発足した「ミル財団」や「Kスポーツ財団」は、財閥が関わった不正の温床となっていた。これらは、政権を崩壊させた直接的な要因となった。この一連の過程において、皮肉にも朴槿恵があれだけ強調した「文化」は、政権にとって最も致命的なキーワードとなったのである。

つまり朴政権期において国家は、K－POPの成長要因ではなく、むしろ危険要因として作用していたといえる。

もちろんK－POPが「K」という形容詞を掲げている以上、国家との関係は看過することのできないものであろう。そして(「標準契約」のような)法制度の整備や(公演施設のような)インフラの構築など、実際に政府機関の役割も小さくない。

しかしそうだとしても、看過してはならないのは、国家が音楽やミュージシャン、大衆そのものに対して根本的な影響を及ぼすことはできないということである。国家はあくまで、K－POPに欲望を注ぐ多くの主体のうちの一つに過ぎないのだ。

ソフト・パワーとしてのK－POP

K－POPと国家の関係を、「ソフト・パワー(Soft Power)」という概念を通して考えてみよう。

ソフト・パワーとは、軍事力や経済力のような「ハード・パワー」とは違って、人びとの好みを形づくる魅力と誘惑を用いて、自国が望む結果を他国も望むようにさせる力のことを指す。文化は、このソフト・パワーの最も重要な源泉である。

ソフト・パワーは、現代の公共外交(パブリック・ディプロマシー)の主な手段である。アメリカ合衆国、英国、フランス、ドイツ、日本などのいわゆる先進国の多くは、ハード・パワーだけではなく、さまざまなソフト・パワーをうまく用いながら先進国としての文化的地位を築いてきた。

たとえば、一九五四年から六八年のあいだ、アメリカ政府が文化外交の手段とした「ジャズ外交(Jazz Diplomacy)」。冷戦時代だった当時、アメリカはルイ・アームストロングやデューク・エリントン、ベニー・グッドマンなどのミュージシャンたちへの支援をつうじて「ジャズ外交」を実施し、ソ連や社会主義陣営の信頼と魅力を弱め、アメリカや自由主義陣営の体制的優位を示そうとした。

しかし、アメリカ政府はあくまでもジャズを動員した主体にすぎず、ジャズそのものを創造した主体ではない。ジャズミュージシャンのための環境を整えたわけでもない。まさに同じ時期にマーティン・ルーサー・キング牧師(彼は一九六八年に死亡した)が主導したアフリカ系アメリカ人公民権運動が物語っているように、当時は黒人に対するアメリカ社会の人種差別が激しかった時代である。多くのジャズミュージシャンがアメリカ政府の黒人政策に抵抗していたのはいうまでもない。

つまり、国家がポピュラー音楽に向けられた欲望をさまざまなかたちで利用することは可能でも、音楽そのものをつくり出すことはできない。それは世界の政治的・経済的パラダイムが転換し、ソフト・パワーの役割が拡大した今でも変わらない。

もしK－POPに対する韓国政府の影響が過剰に大きくみえるのであれば、それは韓国政府がK－POPをソフト・パワーとしてうまく利用したということを意味する。すでに本書で述べてきたように、K－POPのあらゆる創造行為において、国家によって直接つくり出されたものはこれまでもなかったし、これからもないだろう。それは、K－POPだけではなく、ポップそのものの本質でもある。

2　K－POPの場所

ソウル――K－POPの都市

グローバルに消費されるK－POPの発信源は、韓国の首都ソウルである。この都市空間で、K－POPは毎日のように生産され、展示され、発信される。

朝鮮戦争（一九五〇～五三）による破壊と貧困を経験した首都ソウルが発展しはじめたのは、高度経済成長が本格化した一九六〇年代後半からのことだった。その様子は、世界から「漢江《ハンガン》の奇跡」と呼ばれるほどだった。

「漢江」とは、いまのソウルの中央部を流れる全長四九四キロメートルの河川のことである。漢江が最初からソウルの中央部を流れていたわけではない。南大門《ナンデムン》と東大門《トンデムン》などの四大門の内側を中心とした従来の「ソウル」は、漢江の北部に位置していた。漢江の南部は、七〇年代から本格化した「江南開発《カンナム》」によってできた新たな空間だった。

漢江以南におけるソウルの拡張は、たんなる面積の拡大ではなかった。建設ブームと不動産バブルが促した人口と資本の爆発的な流入は、ソウルの文化的・社会的中心を漢江の北部から

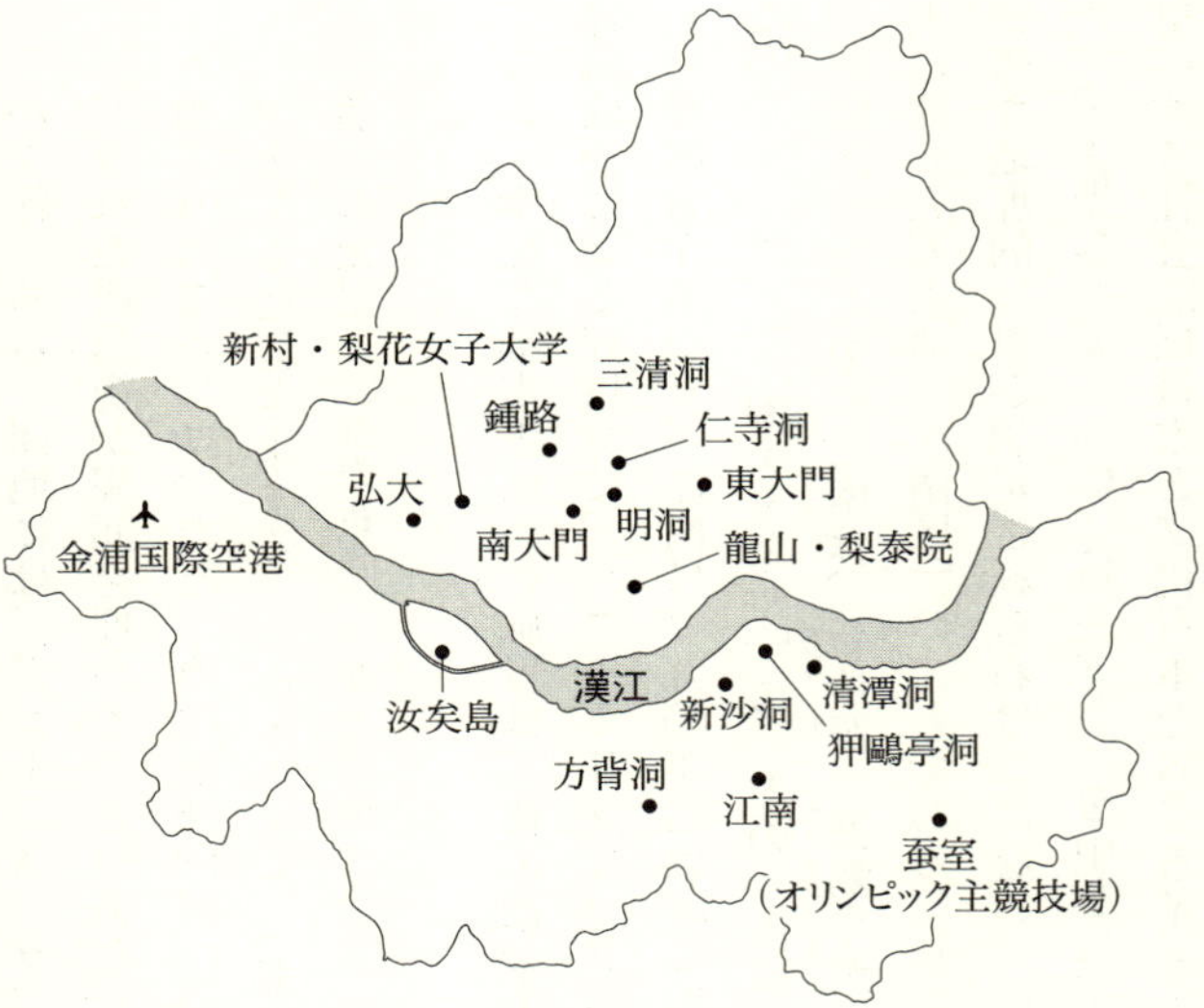

図4　ソウル

南部に移動させた。

そして六〇年代から八〇年代にわたる高度成長期がその終焉を迎え、ソウルの人口が一〇〇〇万人を超えた八〇年代後半になると、漢江の南部つまり、「江南」は、文化・産業・教育・宗教・商業の集中による新都心に成長した。韓国歌謡が韓国ポップに転換したちょうどそのときのことである。

当時の『読売新聞』は、江南の様子を次のように書いている。

> 江南を象徴する風景は、高層アパート群と縦横に走る広々とした道路網、そして眼下に広がる漢江の流れと豊

かな緑である。団地には、ポニー、ステラ、ルマンといった国産乗用車がずらりと並び、しゃれた商店街が周囲を埋める。一戸あたりの広さも百二十平方メートル以上、日本の団地よりはるかにゆったりした生活空間だ。昼下がり、子供連れのヤングミセスがファッショナブルに行き来する。ソウルっ子が「東京と変わらない」と自負する〝幸福な都市生活〟の光景。（『読売新聞』一九八六年一〇月二日）

この「幸福な都市生活」の風景は、韓国社会全体の意識を変える象徴的なものだった。高度経済成長による好景気に、ソウルオリンピック前後の民主化・開放化・国際化による新たな社会的雰囲気が重なり、江南は、九〇年代以降の韓国社会のさまざまな欲望が集約される空間となっていった。「江南スタイル」の、あの「江南」が誕生したのだ。

行政区域としての江南は、新沙《シンサ》洞《ドン》、狎鷗亭洞《アプクジョンドン》、清潭洞《チョンダムドン》など二二の洞（日本における町）を含む人口約五五万人の「江南区」のことである。だが、一般的に「江南」というとき、そのような厳密な地理的境界が想定されるわけではない。江南とは、江南区（一九六三年から七九年のあいだだけで土地の値段が一〇〇〇倍上昇した）を中心に定着した中産階級のライフスタイルや、そこに集中する社会関係資本と文化資本をめぐるイメージなどを象徴する名前である。

江南は、新たな音楽と感覚が流入し、享受され、混淆される空間でもあった。日本のガイドブック『地球の歩き方』(一九九四〜九五年版、ダイヤモンド社)で「若者のライフスタイルが韓国社会全体に影響を与える流行の発信基地」として紹介された狎鷗亭洞をはじめ、江南の街角やクラブでは、アメリカのブラックミュージックとJ-POP、そして韓国ポップが日常的に流れ、若者を惹きつけていた。それらのサウンドが、街の風景を生み出していた。

こうして九〇年代以降の韓国ポップの世界とソウルの都市空間は、ミュージックビデオの音楽と映像のように、同時かつ急速に変容した。たとえば、植民地時代に建てられた朝鮮総督府の建物(現在、景福宮《キョンボククム》という朝鮮王朝の王宮がある場所)が撤去されたのは一九九五年のことであり、第1章で述べた「日本音楽剽窃」の問題が若いオーディエンスによって提起されたのと同じ年である。この事実をたんなる偶然とはいえないだろう。

ソウルは、K-POPのように、急速に拡張しつづけてきたメトロポリスなのだ。

江南――集中する「K」の欲望

二〇一五年、江南区は「Kスターロード(K-Star Road)」構想を発表した。それは、狎鷗亭洞にある高級百貨店「ギャラリア百貨店」から隣の清潭洞までの一・〇八キロメートルを指す。

「韓流スターたちが好む行きつけの店や彼らのライフスタイルが見られる場所、そのスターたちを輩出した事務所」(江南区役所ホームページ)など、K‐POPをテーマにした観光空間である。

そこには、東方神起、少女時代、BIGBANG、EXO、BTS(防弾少年団)などのK‐POPアイドルグループをモチーフにした「江南ドル(GangnamDol)」と呼ばれるアートトイが並ぶ。しかし、「Kスターロード」は、行政がそのように観光地化するずっと前から、つねに多くの若者や観光客で賑わう場所だった。

その象徴が「Kスターロード」のハイライトでもあるSMエンターテインメントの社屋前だ。この社屋はH.O.T.が大きな成功を収めた一九九九年に建てられた。そしてその頃から、社屋に出入りするアイドルスターを一目見ようと全国のファンたちがこの場に集結していた。いまや海外のファンたちによるK‐POPの聖地巡礼が行われるこの場所には、すでに二〇年近く前からそのようなまなざしが向けられていたのである。

SMエンターテインメントの社屋だけではない。九〇年代以降、ソウルの拡張にともなう文化産業地図の急速な変化のなかで、江南にはK‐POPのあらゆるヒト・モノ・コトが集中していた。芸能事務所やレコード会社はもちろん、音楽専門ケーブル放送「Mnet」のようなメディアやアーティストのスタジオまで、Ｋ－ＰＯＰの生産と流通のシステムそのものが江南に築かれたのである。

いまも、BTSが所属するBig Hitエンターテインメント、IUが所属するloenエンターテインメント（現・KakaoM）、CNBLUEが所属するＦＮＣエンターテインメントなど、主な芸能事務所のほとんどが江南に集まっている（例外的に、TWICEが所属するＪＹＰエンターテインメントが清潭洞からさらに東の城内洞《ソンネドン》に移転した）。

SMエンターテインメントの社屋前の「Kスターロード」．少女時代とEXOの「江南ドル（GangnamDol）」が展示されている（筆者撮影）

Ｋ－ＰＯＰの生産と流通のシステムの周辺を囲むようにビューティーショップ、クラブ、歌・ダンススクール、高級ジム、美容整形外科などが存在する。これらはＫ－ＰＯＰを支えると同時に消費する巨大な産業であるといえよう。国税庁によると、二〇一七年現在で全国に一四一四も存在する美容整形外科のうち三分の一にあたる四七〇が江南に集中しているという。

江南という空間は、グローバルとローカル、ナショナルの次元を横断する欲望を象徴的に表す記号である。その複雑な性格は、もちろんK-POPだけではとてもとらえきれない。しかし、江南の風景や感覚をつうじて、K-POPという世界をより理解することはできるだろう。江南に集中し、また江南をつうじて拡張する韓国社会の欲望こそ、まさにK-POPの原動力に他ならないからだ。

弘大——感覚とスタイルの街

「江南」が九〇年代からのK-POPの拡張を象徴する場所だとするならば、九〇年代以降の斬新な感覚を象徴するのが「弘大《ホンデ》」である。

弘大とは弘益《ホンイク》大学の略であるが、一般的に弘大というと、地下鉄二号線の「弘大入口」を中心とした周辺地域全般のことを指す。「江南」が江南区を超えた複雑な象徴性をもつように、「弘大」も、弘益大学の略ということだけではとらえられない象徴としての意味をもっているのだ。

もともとこの地域は、韓国を代表する美術家やデザイナーを多く輩出した弘益大学の影響で、美術・デザインのメッカだった。それが、より多様な文化と人で賑わう空間となったきっかけは、音楽、とりわけインディーロックのライブハウスだった。地下鉄で一駅しか離れていない新村《シンチョン》（延世《ヨンセ》大学前を中心に、七〇年代から若者の流行を主導した大学街・商業地域）とは差異化された「インディー文化」が、九〇年代半ば頃から形成されたのである。

二〇〇〇年代に入ると、個性的なカフェやヒップホップをはじめ多様なジャンルのクラブ、ミュージシャンたちのバスキング（路上ライブ）などで賑わう「音楽の街」として定着した。とくにインディーロックとヒップホップにおいて、弘大は「聖地」ともいわれる重要な拠点となった。さらには多様なファッションや世界の食文化も加わった。和食の人気はとくに高い。

弘大は、トレンドを主導する感覚を指す「ヒップ（Hip）な」という形容詞に最もふさわしい街となった。国内や海外の人びとが集まる観光地化が本格的に進みはじめたのも、この時期のことである。

しかしそのような急速な商業化によって、家賃や地価が上昇し、そこで暮らしていた人びとの空間が資本によって蚕食《さんしょく》されていった。いわゆるジェントリフィケーションと呼ばれる現象である。そして「弘大文化」のあり方をめぐって、「インディー・芸術文化」と「商業文化」、「地域の人」と「外部の人（観光客も含まれる）」、「文化生産」と「文化消費」のあいだで、さまざまなせめぎ合いがつづいた。その結果として、弘大という地域の地理的な範囲も、文化的意味も大きく変化していった。

たとえば、バスキングの象徴でもあるロックやフォークミュージシャンのように、新人あるいはデビューを目指すアイドルグループが路上で歌とパフォーマンスを披露する風景は、弘大の音楽文化が、真正性と聖域を問わずに変容してきたことを物語るものである。弘大は依然多くのミュージシャンと音楽で賑わう「音楽の街」であるのだ。

弘大前の路上公演．BTS「MIC Drop」のカバーダンスを披露している（筆者撮影）

弘大にK－POPを定着させたのは、YGエンターテインメントである。一九九六年にヒップホップ中心の芸能事務所として設立されたYGにとって、弘大は、江南を中心とする他のK－POPと自分たちのアイデンティティを差異化するための象徴的な場所であった。そしてYGは、二〇〇〇年代後半におけるBIGBANG、2NE1の成功を通して、弘大文化を代表する集団の一つとして急成長した。

YGは独立レーベルを傘下に置き、インディー音楽の生産と流通システムをも構築してきた。

このことに関しては、音楽ジャンルの多様化に貢献しているという評価と、インディー音楽が大資本に蚕食されてしまった証拠であるという評価が存在する。

YGに対するこの相反する評価は、弘大におけるK－POPの位置付け、そして弘大文化のあり方を象徴するものだともいえよう。しかし、そのような異なる視線のせめぎ合い自体が、K－POPの拡張をもたらす力でありつづけたことは否定できないだろう。

K－POPの観光空間

K－POPは、江南と弘大だけではなく、ソウルという都市空間全体につねに充満している。まずはコンサート。ソウルオリンピック主競技場、オリンピック体操体育館、高尺《ゴチョク》スカイドーム、オリンピックホール、蚕室《チャムシル》室内体育館、ソウルワールドカップ競技場などのスポーツ施設や多数のライブホール、各放送局の公開ホール、大学の講堂、そして弘大のクラブと路上まで、K－POPの公演は毎日のように開催されている。

それだけではない。K－POPアイドルが所属する芸能事務所をはじめ、芸能事務所が手掛けたエンターテインメント施設、行政が設置した展示物、関連グッズの販売施設、商業ビルの外壁などを飾る大型広告まで、音楽以外にもK－POPはさまざまなかたちで存在し、「展示」

されている。ファンクラブによるＫ－ＰＯＰアイドルへの応援広告(誕生日メッセージなどが掲載される)を地下鉄の駅構内で見かけることもめずらしくない。

このような諸要素が、一つのパッケージ化された観光空間として消費される。ソウル市が制作したウェブ上の観光ガイド『VISIT SEOUL』に掲載されている「韓流スポットＴＯＰ10」を見てみよう。

1　韓流ドラマのなかのＫフード・クッキングクラス
2　ＭＢＣワールド放送テーマパークツアープログラム
3　テレビのなかの韓流スポット(SMTown スタジオ他)
4　韓流スターの発信地を探そう(Ｋスターロード他)
5　ドラマの撮影地を探そう
6　韓流スターのスケジュール(Ｋ－ＰＯＰコンサート他)
7　韓流ショッピング(明洞のＹＧショップ他)
8　韓流スポット(SMTown コエックスアティウム他)
9　韓流芸能事務所

10　韓流グルメ

個人の旅行においても、旅行会社によるツアーにおいても、このような場所は重要なスポットとなる(SMなどの大手芸能事務所が直接運営する旅行会社も存在する)。

コンサート観覧や江南・弘大での「聖地巡礼」、K－POPアイドルが足を運んだレストランやカフェ、屋台めぐり、そしてK－POPショップでのショッピングなど。海外から訪れたK－POPファンたちは、空港に降りた瞬間からK－POPスターたちの広告や展示物を目にし、街中で流れているK－POPを耳にしながら、これらのスポットを訪ねることになるのだ。

ソウル観光におけるK－POPの位置付けは、ロサンゼルス観光におけるハリウッド映画産業の位置付けを考えれば、よりわかりやすいだろう。ロサンゼルス市のどこに行っても現れるハリウッド映画のイメージは、映画界だけではなく、行政や商業施設との共生関係がつくり上げたものである。つまり、ロサンゼルス市全体を覆う巨大な「ハリウッド観光」空間のような、K－POP産業と行政、商業施設との協力による「K－POP観光」空間の開発がソウルでも急速に進んでいるのである。

つまりK－POPがソウルで生産され、展示され、発信されると同時に、ソウルのイメージもそのK－POPをつうじて生産され、展示され、発信されている。K－POPとソウルという二つの空間は、互いを媒介しながら拡張しつづけているのだ。

3　K－POPアイドルの条件

オーディション番組とアイドル

K－POPが世界的な成功を収める存在になっていくと、アイドルという存在をめぐる問いが改めて関心を呼ぶようになった。アイドルという存在には、いったい何が求められるのか。どのような人が、アイドルになれるのか。K－POPアイドルは、どのようにつくられるのか。

そのような関心に呼応するかのように、二〇一〇年前後からさまざまな形式のオーディション番組が大きなブームを巻き起こし、地上波やケーブル放送局で制作された。

『スーパースターK』(Mnet、二〇〇九〜一六年)
『偉大な誕生』(MBC、二〇一〇〜一三年)
『K－POPスター』(SBS、二〇一一〜一七年)

『TOPバンド』(KBS、二〇一一～一五年)
『The Voice of Korea』(Mnet、二〇一二～一三年)
『Show Me the Money』(Mnet、二〇一二年～)
『Unpretty Rap Star』(Mnet、二〇一五～一七年)
『プロデュース101』(Mnet、二〇一六年～)
『ザ・ユニット』(KBS、二〇一七年)
『高等ラッパー』(Mnet、二〇一七年～)

これらの番組の他に、各芸能事務所が自主的に制作したオーディション番組も存在した。たとえば、TWICEのメンバーが選ばれたのは、「JYPの新人ガール・グループ・プロジェクト」を掲げた番組『Sixteen』(二〇一五年)だったし、WINNERやiKONはYGのオーディション番組『WIN』(二〇一三年)と『MIX & MATCH』(二〇一四年)、Monsta Xは、スターシップ・エンターテインメントのオーディション番組『NO. MERCY』(二〇一四年)で選ばれた。マスメディアはこの状況を「オーディション共和国」と名づけた。

『スーパースターK』のようにジャンルを問わない番組から『Show Me the Money』のよう

にラップ・ヒップホップに特化した番組まで、さまざまな種類のものが高い人気を得てきたが、その中心はアイドルだった。「芸能事務所で数年間の練習生生活を経てデビューする」アイドルが、カメラの前で、審査員や視聴者の手(オーディエンス・レスポンス・システムやインターネットによる投票など)によって選ばれ、育てられる過程は、多くの視聴者を魅了した。

オーディション番組のブームは、二つの意味をもっていた。その一つは、いうまでもなく新たなポップスターを発掘するというものだ。そして、もう一つは、すでに飽和状態を迎えてしまったポップ界の厳しい現実のなかで、アイドルに挑戦する志望者たちの姿そのものを、誰もはっきりとは口にしないが、「商品」として消費するというものだった。

矛盾するようにみえるこの二つの意味は、オーディション番組に高い緊張感をもたらした。そして視聴者は「アイドルを目指すアイドル」を観察することに熱中した。

K-POPアイドルの条件

アイドル・オーディション番組が流行するきっかけとなったのは、二〇一一年から二〇一七年まで地上波放送局SBSで放送された『K-POPスター』だ。企画当初から「アイドル・オーディション」を掲げたこの番組は、SM、YG、JYPといったいわば三大芸能事務所が審査を担うことで話題を呼んだ。初年度の審査員はBoA（SM）、ヤン・ヒョンソク（YG）、パク・ジニョン（JYP）だった（二〇一三年からはSMの代わりにアンテナミュージックが参加）。とくに視聴者の関心を引いたのは、番組内で語られるさまざまなアイドル論だった。それぞれの経験と感覚でアイドルを育て上げてきた大手プロデューサーたちは、それぞれのアイドル論をアイドル志望者、そして視聴者に語った。それは、ベールに包まれていた「アイドルの条件」が明かされるかのような好奇心を視聴者にもたらした。

国内はもちろん海外からの参加者を対象に行われる数カ月の予選を経たのちに、約五カ月にわたって本選が放送される。本選は次のような順番で構成される（シーズン4基準、SBSホームページを参照）。

第1ラウンド　タレント・オーディション（素質や才能などを評価）
第2ラウンド　ランキング・オーディション（グループに分けて評価し、順位を決める）
第3ラウンド　チームミッション・サバイバル（グループ間の競演から個々を評価）
第4ラウンド　キャスティング・オーディション（芸能事務所三社にキャスティングされ、次のラウンドまでトレーニングとメーキングを受ける）

第5ラウンド　バトル・オーディション（TOP10を選抜するための競演）
第6ラウンド　ステージ・オーディション（TOP10から生放送の舞台に上がるTOP8を選抜。
審査員の評価に一〇〇人の視聴者審査員の評価が反映）
第7ラウンド　生放送ラウンド（TOP8による競演。この段階から視聴者の生放送中のモバイル
投票による評価が反映）
第8ラウンド　生放送ラウンド（TOP4決定戦）
第9ラウンド　生放送ラウンド（TOP3決定戦）
第10ラウンド　生放送ラウンド（準決勝）
第11ラウンド　生放送ラウンド（決勝）

『K－POPスター』は、審査員が番組の前面に出て注目を浴び、生放送中に視聴者によるモバイル投票を積極的に取り入れるという面で、アメリカの『アメリカン・アイドル』（FOX、二〇〇二〜一六年；ABC、二〇一八年〜）をはじめとする世界的に流行したオーディション番組のフォーマットを受け継いでいる。しかし、その本当の特徴は、大手芸能事務所のシステムによるトレーニングとメイキングを取り入れることで、徹底してK－POPの文脈に接続したと

ころにあろう。

そして本選の各ラウンドのテーマは、「アイドル」にはいかに多くのことが求められるのかを物語っている。

まずは素質と才能。もちろん歌とラップ、ダンスの実力が中心になるが、それも徹底した「アイドル」の基準によるものである。歌唱力といっても歌が上手なだけではなく、声の音色、発声の仕方、リズム感に古い感じやいわゆるクセがなく、いまのポップに適したものが求められる。ダンスにおいても、ヒップホップ、ジャズダンス、現代舞踊などのさまざまなジャンルの基礎が求められながらも、最終的にはＫ－ＰＯＰに適した感覚をもっているのかどうかが評価される。

しかし最も難しいのは、トレーニングだけでは身につけられない素質、「アイドルとしての魅力」である。この「魅力」はテレビの編集でごまかせるようなものではないだけに、その有無が「ポップスター」になれるかどうかを決めるといっても過言ではない。したがって審査員たちは、歌とダンスの実力以上に、このような素質をもつ人を重視する。

そして実力を有する者と魅力を有する者のあいだでの難しい選択は、視聴者の関心を引き寄せ、ときにはその選択をめぐって激しい議論が起きたりもする。それが、五カ月間に及ぶオーディションを支える物語の基盤となる。

しかし多くの場合、次から次へと参加者たちに与えられる課題は、実力と魅力以上のことを、つまり参加者がいまだ備えていない要素をこそ求めている。

たとえば、アメリカで生まれ育ち、ポップの感覚を十分に備えている参加者には、K－POPのバラードをうまく歌える韓国的感性が求められる。逆に、韓国ポップを聴きながら成長し、韓国的な感性に慣れている参加者には、流行の音色とリズム感が求められる。個性が強い参加者にはグループメンバーと調和する力が、控えめな性格をもつ参加者には個性を積極的に表現することが注文される。

そしてオーディションでは、その過程に、正確にはその過程のなかで生じる葛藤に、フォーカスがあてられる。自分がもっていないものを追求しつづける切実さと適応する柔軟さ、そして成長過程がつくり出す（見ている人の心を動かす）「物語」。こういった要素こそが、アイドルを、アイドルとして完成させる条件であることが、その過程をつうじて明らかになるのだ。

アイドルメーカー

このオーディション番組で目を引くのは、各芸能事務所のメイキングシステムだ。テレビに映ったものだけでも、ボーカルトレーニング、ダンストレーニング、プロデューシング、パーソナルトレーニング、スタイリングなど、参加者たちはさまざまな段階を乗りこえてアイドルと化していく。

それは本来、オーディション番組の外、つまりK-POPの生産システムのなかで行われることである。音楽をつくる作曲家や作詞家、プロデューサーを中心にさまざまな専門領域をもつアイドルメーカーたちがその生産システムに参加する。英語、日本語、中国語の先生やデザイナー、ミュージックビデオのプロデューサーも欠かせないアイドルメーカーである。

一般的に一〇代の頃に、それもまたオーディションを経て芸能事務所に入るアイドル練習生は、日常のほとんどの時間をアイドルの生産システムのなかで過ごす。そこで、歌やダンスだけでなく「社会」そのものを学んでいく。「社会」を教えてくれるのは、ボーカルとダンス、パーソナルトレーナーたちのようにアイドル(練習生)と長い時間を過ごす「大人たち」である。

アイドルたちは、その大人たちから基本的な礼儀や人間関係を築く方法などを学ぶという。アイドルメーカーたちは、一〇代のアイドル(練習生)を成功したアイドルに育て上げるという役割はもちろん、(願っても願わなくても)社会を教えるという役割をも自然に背負わされるのである。

このようにたくさんのアイドル練習生たちは、社会経験と教育の機会が限られたなかで、自分たちをトレーニングする職場の大人たちからしか社会を学ぶことができない。しかし競争を勝ち抜き、デビューを果たしたアイドルたちを待っているのは、そのような事情は考慮されない、より過酷な環境である。完璧な姿を求める期待とミュージシャンとしての真正性を問うまなざし、そしてますます激しくなる競争の前に立たされるのだ。そのような現実は、このアイドルシステムが、洗練された完璧な「アイドル」を目指せば目指すほど大きくなるジレンマでもある。

オーディション番組から、そのようなジレンマを読みとることは難しくない。最初の自己紹介から、競争相手とのコラボレーションやグループ課題などが課される各ラウンドまで、参加者たちの未熟な態度と言動はつねに関心の対象となり、ときには厳しく批判されもする。しかし皮肉にも、参加者たちの「完璧さ」と「未熟さ」のギャップがつくり出すさまざまな物語は、オーディション番組が人気を誇る理由の一つでもある。そのギャップが明かされる瞬間、それをめぐる葛藤、そしてギャップが埋められていく過程が、アイドルの成長として消費されるのだ。

アイドルの論理

このようにアイドルに求められる条件は、「実力」と「魅力」、そして「物語」の三つにまとめることができる。さまざまなオーディションと練習生生活を経て完璧なパフォーマンスを披露するようになり、世界の音楽チャートで大きな成功を収めたとしても、そのような条件が完全に満たされることはない。その三つの条件に対して、つねに厳しい視線が向けられ、検証されつづけるからだ。

その理由を、アイドルに対する三つのまなざしから考えてみることができよう。

第一に、アイドルの能力、とりわけ音楽性に対するものだ。アイドルが韓国に導入されて以来、アイドルをプロフェッショナルなミュージシャンとしてではなく、マネージメントによってつくられた商品としてとらえる認識は、アイドルをつねに検証の対象として位置付けつづけてきた。二〇一五年に「ミックステープ」(ラッパーやDJが自由に録音・発表する形式で、ヒップホップを代表する文化の一つ)を発表したBTSのリーダーRM(ラップモンスター)に対して「化粧するアイドルがヒップホップの真正性を損なっている」という批判が一部のヒップホップマニアから寄せられたことは、アイドルに対するまなざしを示す事例である。実際の音楽的能力とは関係のない認識のフレームが、そこで働いているのである。

第二に、アイドルの位置付けに対するまなざしである。アイドルグループがＫ－ＰＯＰはもちろん韓国の音楽産業の中心的な存在になり、さらにグローバルな人気を誇るようになると、多くの人びとはアイドルに対し、「国の代表」のような視線を向けはじめた。そして、その成功を「国威発揚」としてとらえる人が増えていった。そのような人びとは、アイドルのパフォーマンスだけではなく、態度や言動を含む大衆に露出されるすべての面を、個人の出来事ではなく国家イメージと結びつけて考える。そのような認識がアイドルに対する(政治家に対してよりも)厳しい視線を拡散させたのはいうまでもない。

第三に、アイドルのアイデンティティに対するまなざしである。前述したように、Ｋ－ＰＯＰアイドルは、YouTubeをはじめとするソーシャルメディアをつうじて、結果だけではなくあらゆる過程を共有しながら巨大なファンダムを拡張させてきた。しかし、舞台と日常の境界を曖昧にするそのような方法は、諸刃の剣《つるぎ》のように、まったく異なる効果を及ぼしもする。露出されるあらゆる場面において、つねにいい人でありつづけなければならないという、高いプレッシャーを個々のアイドルが背負うからだ。

もちろんアイドルに対するこのようなまなざしは、Ｋ－ＰＯＰだけの特殊なものではない。「アイドルの音楽性」をめぐる議論は、アメリカのポップ界でも長くつづいてきたものだし、ポップスターに「ナショナルイメージ」を背負わせるのは、ソフト・パワーを重視する現代社会の特徴でもある。また「神対応」「塩対応」のような言葉が示すように、セレブと呼ばれる有名人たちのファンに向けた態度が、その人の人格そのものとして認識され消費される傾向は、いわゆるYouTube時代には珍しいことではない。

しかし、それにもかかわらず、これらの認識がK－POPアイドルたちに対して過剰に作用していることは否定できないだろう。「アイドル」「ポピュラー文化」「セレブ」に対するさまざまなまなざしが、K－POPアイドルには同時に強く向けられているのだ。この特徴は、本書で述べてきたように、アイドルが韓国に導入されて以来、長い時間をかけて生まれてきたものでもある。そして、このような厳しいまなざしに耐えられる「こころ」こそ、「実力」「魅力」「物語」につづく第四の「アイドルの条件」なのかもしれない。

EXO――K－POPアイドルの完成

これまで何度か取り上げてきたように、『ビルボード』は、毎年「注目すべきアーティスト」を紹介している。トップアーティストになったばかりの、あるいは今まさになろうとしている多くのミュージシャンが、そこで取り上げられる。

一四組のアーティストが選ばれた二〇一四年のリストで目を引いたのは、ポップ（サム・スミス）をはじめ、ソウル、R&B、エレクトロ、EDMなどさまざまなジャンルのミュージシャンとともに、K-POPアーティストが紹介されていることだった（『ビルボード』二〇一四年一月一三日）。この記事は、二〇一一年頃から本格的に注目されはじめたK-POPが、韓国語のラップと歌詞にもかかわらず異質性を感じさせない普遍的なポップとして世界的に認知されていることを証明しているようだった。

選ばれたK-POPアーティストは、一二人組のボーイバンドEXO。二〇一三年には「Growl」が世界的にヒットした。一二人のメンバーが鏡のように披露するパフォーマンスをワンテイクで撮ったミュージックビデオも、強烈な印象を与えた。韓国でもEXOは、正規アルバム、リパッケージアルバム、スペシャルアルバムなど計六枚すべてがレコード販売量上位一〇位内に入り、数々の新人賞を独占した。

その人気はアメリカにもそのまま伝わり、アルバムの売り上げやファンダムは、二〇一二年にデビューしたばかりの海外のアーティストとは思えないほどの規模に達していた。『ビルボード』の予測通り、EXOのグローバルな人気は、二〇一四年以降も拡大した。日本においても、二〇一五年のファーストシングル「Love Me Right～romantic universe～」と二〇一八年のファーストアルバム『COUNTDOWN』がともにオリコンチャート初登場一位を獲得した。また正式デビュー前の二〇一五年四月に横浜アリーナでコンサートを開催すると、デビューシングルが発売された一一月には東京ドームで三日間、京セラドーム三日間のコンサートチケットが完売した。その年EXOは、たった一三回のコンサートで四四万五〇〇〇人を動員し(表2参照)、日本はもちろん世界のポップ界を驚かせた。

ファーストシングルとファーストアルバムが初登場で一位を獲得したのも、デビューからドームコンサートまでかかった三年七カ月という時間も、海外グループとしては史上初の記録だった。

日本デビュー前から構築されたEXOのファンダムは、日本におけるK-POPの位置付けの変化だけではなく、日本のファンダム自体が大きく変化したことを意味していた。日本のポップ市場のなかで、日本語に訳されたJ-POPの一ジャンルとしてK-POPを消費していた日本の消費者たちが、ソーシャルメディアをつうじて、グローバルな流れと緊密にリンクしはじめたのである。

EXOの音楽とパフォーマンスのなかでは、アメリカンポップの要素とユーロポップの要素、大衆的な洗練と実験的なアイデア、ノスタルジックなサウンドと最新のサウンド、そして韓国ポップとしての感性とK－POPアイドルとしての魅力が、「Growl」のミュージックビデオで見せた鏡をイメージしたダンスのように、絶妙なバランスで表現されている。何よりEXOの音楽は、完璧なポップとして評価された。それはK－POPアイドルの完成ともいえるものである。

しかし皮肉にも、EXOという一つの頂点を経験することで、K－POPは避けて通れない次の課題に直面することになる。

マネージメントの限界とK－POPの課題

二〇一四年にはEXOの中国人メンバー、クリスとルーハンが、二〇一五年には同じく中国人メンバーであるタオが、SMエンターテインメントに対して専属契約効力の不存在確認訴訟を提起し、チームを離れた。EXOが世界的な人気の渦中にあっただけに、衝撃は大きかった。

EXOは、デビュー当初EXO-K、EXO-Mという六人ずつの二チームで構成されていた。EXO-KのKはKorean、EXO-MのMはMandarinのイニシャルで、二つのチームは韓国と中国で別々の活動を行い、一二人の完全体での活動と並行するように企画された。クリス、ルーハン、タオの三人は、EXO-Mに所属していたメンバーだった。

三人が脱退した理由をめぐっては、文化的差異やＳＭのシステムに対する不慣れ、不平等な契約条件、中国の音楽・メディア業界による介入など、さまざまな憶測が飛び交った。しかし正確な理由が何であれ、これらの出来事は、二〇年以上猛烈な勢いで拡張しつづけたＳＭエンターテインメント、やがてはＫ－ＰＯＰ全体のシステムが、ある限界に達していることを訴えているようだった。

第2章でも述べた、「練習生制度」と呼ばれる育成システムでの過酷な競争とデビュー後のタイトな活動スケジュール、不十分な法的権利と契約条件などは、部分的に改善されてきていた。とはいえ、韓国の音楽産業全体とも絡んでいるＫ－ＰＯＰシステムの本質的なジレンマであることに変わりはなかった。

しかし、そのようなジレンマを抱えながらもＫ－ＰＯＰが持続的かつ急速に拡張しつづけられたのは、それよりもはるかに大きな成果を生み出しつづけていたからであろう。そして外国人のメンバーを積極的に取り入れ、海外の巨大な資本と競争しながら現地市場に真正面から参入しようとした新たな試みの最中に、それらのジレンマが爆発するかのように噴出したのである。

「CT(Cultural Technology)」を提唱した設立者イ・スマンが築き上げた「SMTown」(イはそれを

ITによる仮想国家であると語る）に生じたこのような亀裂は、結局音楽は人間がやるものだという単純な事実を喚起させているようにみえた。テクノロジーだけでは人は管理できない。ならば、どうすればいいのか。

もちろんEXOは、九人組になった現在も、平昌オリンピックの閉会式の舞台に上がるなど、韓国を代表するK－POPアーティストとして活躍している。EXO-L（EXOのファンの呼称）を中心としたグローバルなファンダムは、むしろより強固に拡張しつづけている。二〇一七年のアルバム『THE WAR』が四二の国と地域でiTunesチャート一位に、ビルボード・アルバムチャートでは八七位に入るなど、その市場もますます拡大している。『FUSE TV』は、EXOの「Monster」を、ビヨンセの「Formation」、ブルーノ・マーズの「24K Magic」などとともに「二〇一六年のベストソング20」に選んだ。アジアのアーティストとしては唯一のことである（『FUSE』二〇一六年一二月五日）。

EXOの成功は、九〇年代以降洗練されたポップのサウンドを追求してきたK－POPがとうとうその目標を達成したことを意味している。いいかえれば、その「成功」はK－POPに対して、これまでとは異なる普遍的なポップとしてのあり方を求めているともいえよう。K－POPは、これまで築き上げてきたかたちを維持しながらも、マネージメントの力だけに依存しない、より拡張的な音楽空間を構築することを求められているのだ。

4　K-POPの現在

TWICE——多国籍アイドルが歌う超国籍ポップ

二〇一七年に音楽業界を騒がせた少女時代のメンバー移籍を最後に、K-POPのガールグループは、少女時代(SM)、Wonder Girls(JYP)、2NE1(YG)中心の体制から、TWICE(JYP)、Red Velvet(SM)、BLACKPINK(YG)中心の体制へと移行した。

そのなかでもTWICEが成し遂げた驚くほどの成果は、ガールグループの新しい体制を確実なものにした。とくにYouTubeの再生回数記録は、二〇一五年にデビューしたこの九人組ガールグループが、同じく九人組でデビューした少女時代の成功を受け継ぐかのように、いかに短期間でグローバルなポップスターの座へと駆け上がったのかを示している(以下二〇一八年六月二五日現在)。

「Like OOH-AHH」　二・四億回(二〇一五年一〇月一九日公開)

「CHEER UP」　二・七億回（二〇一六年四月四日公開）
「TT」　三・六億回（二〇一六年一〇月二三日公開）
「KNOCK KNOCK」　一・九億回（二〇一七年二月一九日公開）
「SIGNAL」　一・六億回（二〇一七年五月一五日公開）
「Likey」　二・六億回（二〇一七年一〇月三〇日公開）
「Heart Shaker」　一・九億回（二〇一七年一二月一一日公開）
「What is Love?」　一・四億回（二〇一八年四月九日公開）

TWICEの日本デビューも、このようなグローバルな人気に後押しされるように行われた。二〇一七年六月二八日に正式デビューすると、その四日後の七月二日に東京体育館で開催された単独ショーケースに一万五〇〇〇人が集まった。日本語で発表したシングル「One More Time」は、初週だけで二〇・一万枚の売り上げを記録し、オリコンのシングルチャート一位を獲得した。そして大晦日の日には、「紅白」の舞台に上がっている。すべてが、デビューしてからたったの半年で起きた出来事である。

そして二〇一八年に発表した日本語シングル「Candy Pop」（二六・六万枚）がオリコンのシング

ルチャート一位を、韓国語で発表したミニアルバム『What is Love?』がオリコンの週間アルバムチャート二位を獲得するなど、日本市場とグローバル市場を区分しないかたちで人気を得ている。平昌オリンピックが開幕した直後、アメリカの『タイム』(二〇一八年二月一九日)は「あなたが知るべきベストK－POPグループ」という記事で、TWICEをBTSとEXOのあいだに入れ、その「高度に洗練されたバブルガム・ポップとミュージックビデオ」に注目した。

TWICEの特徴としてまず目を引くのは、韓国、日本、台湾出身の九人のメンバーによる多国籍構成であろう。しかし、より注目すべき点は、国籍以上に多様なジャンル(ヒップホップ、ハウス、ロックなど)の混淆による、「トランスナショナル」ともいえる完成度の高い洗練されたポップサウンドである。

その洗練されたポップサウンドは、彼女たちのビジュアルとパフォーマンス、明るくてカラフルな舞台と絡み合い、一つの独立したポップ空間をつくり出す。このポップ空間で、彼女たちの名前(サナ、ダヒョン、チェヨン、ツウィ、ナヨン、モモ、ジヒョ、ジョンヨン、ミナ)は、三つの国籍ではなく、九つのキャラクターを表す。たとえば、ミュージックビデオで頻繁に披露されるさまざまなコスプレは、彼女たちのアイデンティティが、国籍の次元を超えたアイドルであることを強く主張しているようにみえる。

TWICEの魅力は、サウンドとパフォーマンス、アーティストたちのキャラクターが、ポップという音楽的境界のなかで、絶妙なバランスで表現されることで生まれている。この空間のなかで、多国籍性や「言語や文化の違い」のような伝統的な意味での異質的な要素は、それぞれのメンバー、そしてグループ全体の魅力を向上させる要素に転換される。

多国籍性と超国籍性とが共存しつつポップとしての洗練さを獲得したTWICEの音楽は、K－POPが二〇年あまりの時間をかけて手にしたノウハウとテクノロジーの水準の高さを示している。第二のTWICEを目指してソウル行きを夢見る若者たちが、日本を含む世界中で急速に増えているのは、その普遍的なポップ空間に対する憧れの表れであろう。

そのような認識とまなざしこそ、日本型・アメリカ型アイドルとの差異化を超えた、K－POPが達成した最も大きな成果の一つなのだ。

アイドルのアイデンティティ

しかし、TWICEが経験した二〇一五年から一六年の「ツウィ謝罪事件」と呼ばれる一連の事態は、トランスナショナルなポップ空間というものの脆弱《ぜいじゃく》さを確認させるものだった。

韓国のバラエティ放送の収録中に、日本出身のメンバーが日韓の「日の丸」と「太極旗」を、台湾出身のメンバーであるツウィが「台湾旗」と「太極旗」をもつように演出された。その映像が、正式放送前のインターネット生配信で流れたことで（実際の放送では編集されていた）、中国でツウィへのバッシングが、台湾ではツウィを擁護する動きが拡散したのである。結局、中国でツウィとTWICEをボイコットする動きが広まったことで、JYPがウェブページに公式謝罪文を発表し、ツウィがYouTubeで謝罪映像を公開するに至った。

もちろんこのようなこと自体は珍しいことではない。つまり、ナショナリズムのような「現実」が「ポップ空間」に介入し、さまざまな葛藤を起こすことは、ポピュラー音楽ではよくあることだ。

たとえば、いまや世界音楽の遺産でもあるビートルズが最初にアメリカへと進出したさい、マスメディアはそれを「ブリティッシュ・インヴェイジョン（イギリスの侵略）」と称していた。その後のグローバルな人気と、ポップ史における彼らの地位を考えると、このような評価は意味のないことのようにみえるだろう。しかしアーティストのアイデンティティは、歴史的な状況や時代認識によって左右されてしまうものなのである。

だからこそＫ－ＰＯＰのシステムは、現実とかけ離れたポップ空間を構築し、そのなかでアーティストのアイデンティティをアイドルとして規定し管理することだった。それによって、普遍的魅力を最大限に引き出すと同時に、商業的リスクを最小限に抑えることが可能となる。歌からラップ、ダンス、ファッション、舞台にいたるまで、少しでも問題になる可能性がある要素は削られ、普遍的に受け入れられる安全な要素だけが用いられるのだ。

しかし、この管理はいつまで維持できるのだろうか。管理されたアイドルのアイデンティティは誰のものなのか。アイドル個々の欲望や感情、物語は、どのように表現できるのだろうか。ツウィの事例は、ＳＮＳ時代にこの独立的なポップ空間を守ることが容易ではないことを示してはいなかっただろうか。

ジョンヒョン——アイドルの生と死

韓国社会全体がＫ－ＰＯＰスターによる輝かしい一年の成果を振り返っていた二〇一七年末、一人のアイドルの悲劇的な死が知らされた。その事実は、今ここのＫ－ＰＯＰのあり方に何かを訴えかけているかのようにみえた。

二〇〇八年にデビューした五人組ボーイバンドSHINeeのメンバー、**ジョンヒョン**（종현）。彼が率いたSHINeeは、デビュー曲「Replay」が大ヒットを収めて以来、世界の市場やファンダムはもちろん評論家たちの絶対的な支持を得てきた。日本でも、二〇一一年に日本語版のシ

ングル「Replay—君は僕のeverything—」で正式デビューして以来、五枚のアルバムと一四枚のシングル、一枚のベストアルバムを発表し、ファンクラブ「シャイニーワールド」を中心に高い人気を誇っている。韓国では二〇一八年六月に六枚目の正規アルバムが発売された。ジョンヒョンは、SHINeeの活動とソロ活動を行き来しながら、メインボーカルとしてだけではなく、作詞・作曲家として数々の曲を手がけた。またソロアルバムだけでも、死後に発売された『Poet｜Artist』を入れて五枚にもなる。

このような活発な活動を繰り広げていた彼が数年間うつ病を抱えていたという事実は、彼が属していたK‐POP空間の華麗なイメージと対比され、世界中の人びとに衝撃を与えた。遺書に「僕は体の中から壊れてしまった」と書かれており、彼の苦痛が十分にケアされていなかったことに多くの人は驚きと怒りを隠さなかった。

もちろんそのような動きは必然的なことでもあったが、その死をめぐるさまざまな動きは、アイドルはその死さえも、アイドルへのまなざしによって消費されるのではないか、という複雑な思いをもたらすものだった。たとえば、過熱する報道や、その死をめぐる過剰な解釈。マスメディアが競い合うように葬儀の風景を劇場化するあいだ、これまでK‐POPのグローバルな成功の秘訣について語ってきた論者たちは、アイドルのシステムだけでなく、受験競争をはじめとした若者問題にまで言及しながら、まるでその死の理由を把握しているかのように語っていた。

しかし、これまでのポップの歴史が物語っているように、アーティストの死は誰かが簡単に規定できるようなものではない。したがって、それが悲しみとともに語られるさいにも、結局は共有された記憶と残された音楽がその中心に存在してきた(美化されるという意味ではない)。いくら直接的に作用したかのようにみえる原因があったとしても、「原因はこうだ」と簡単に断定されたりはしない。アーティストの人生と遺産として残された音楽に対するある種の敬意が、そこにはあるからだ。つまり、ジョンヒョンの死に対して先のような態度を示した人びとは、「アイドル」を「アーティスト」としてみなさずに、消費の対象とみなしていたのではないだろうか。

しかしながら、ジョンヒョンの死が語られるなかで(ファン以外の)世間の人びとが気づいたのは、彼がもっていた一人のアーティストとしてのアイデンティティだった。彼が作詞作曲、プロデュースに優れた能力をもっていたこと、そして性的マイノリティ差別への反対や政府の教育政策への批判、「セウォル号」事件犠牲者たちへの哀悼など、社会のさまざまな問題に対して積極的に自分の声を発してきたことが、国内外のメディアでも報じられたのである(たとえば『BBC』二〇一七年一二月一八日)。

そしてジョンヒョンの死後、韓国の青少年性的少数者危機支援センター「ティンドン(띵동)」には、世界中のジョンヒョンのファンたちによる募金が寄せられた。「ティンドン」によれば、二〇一七年一二月一九、二〇日に一七三人から約四〇〇〇ドルが、彼の誕生日である二〇一八年四月八日には一五〇人以上のファンから約八〇〇〇ドルが寄付されたという。それは、アイドルがたんに消費されるだけの存在ではないということを世に知らしめた出来事でもあった。

BTS——K-POPの今ここ

「AMAs、最高の瞬間」

二〇一七年一一月一九日、BTSがアメリカの三大音楽賞の一つ「アメリカン・ミュージック・アワード」(AMAs)の授賞式で披露した単独ステージを、アメリカの音楽雑誌『ローリングストーン』と『ビルボード』はこう表現した。

反響は大きかった。「国際的なスーパースター」と紹介された彼らがステージで韓国語詞の「DNA」を歌うと、ファンたちの歓声が会場を埋め尽くした。ABC放送のニュース番組『グ

ッド・モーニング・アメリカ』の公式ツイッターによれば、この日BTSの舞台に関して投稿されたツイート数は二〇〇〇万件にのぼっていた。そして「防弾少年団」の韓国語標記「방탄소년단(バンタンソニョンダン)」からイニシャルを取った「BTS」という三文字は、アメリカ版グーグルで最も多く検索された単語となった。

驚くことに、このステージは彼らのアメリカデビューの舞台だった。それを考えると、そのあまりにも高い人気にアメリカの主流メディアが騒ぎだしたのも無理はない。『ジミー・キンメル・ライブ!』『エレンの部屋』『レイト×2ショー with ジェームズ・コーデン』などの人気番組は、競り合うようにBTSを出演させた。

しかしBTSのファンクラブ「A.R.M.Y」をはじめとするファンたちからすれば、それは驚くことではなかった。ファンにとってBTSのAMAs舞台は、はじめての「アメリカ進出」ではなかったからだ(ソーシャルメディアでは「誇らしい」という嘆声が飛び交った)。

実際、ニューヨーク、シカゴ、ロサンゼルス、アナハイムなどで開催されるBTSのコンサートは、二〇一五年以降、毎回即完売を記録していた。アルバムも、ビルボード・アルバムチャートで急速に順位を上げ、二〇一六年のアルバム『WINGS』は二六位、二〇一七年のアルバム『LOVE YOURSELF 承 'Her'』は七位でランクインした。「アメリカ人が最も愛する五〇のミュージシャン」（『ニューヨークタイムズ』二〇一七年八月七日）の一組であるBTSの人気は、その正式デビューの舞台の前からすでにアメリカに到達していたのだ。

このアメリカでの出来事を中心とする二〇一七年は、二〇一三年にデビューしたBTSという七人組ボーイバンドが、これまでK-POPが歩んできた道を、誰も行ったことのない方向へと導いた年だったといえよう。まずは、その軌跡を簡単に並べてみよう。

・二〇一五年
『花様年華 Pt. 2』でビルボード・アルバムチャート一七一位
・二〇一六年
『花様年華 Young Forever』でビルボード・アルバムチャート一〇七位
『YOUTH』でオリコン・アルバム週間チャート一位
『WINGS』でビルボード・アルバムチャート二六位、イギリスのUKアルバムチャート六二位（韓国アーティスト初）
・二〇一七年
『YOU NEVER WALK ALONE』でビルボード・アルバムチャート六一位

ビルボード・ミュージック・アワードで「トップ・ソーシャルアーティスト賞」受賞
「血、汗、涙」(日本語バージョン)でオリコン・シングルチャート一位
『LOVE YOURSELF 承 'Her'』でビルボード・アルバムチャート七位(二〇一八年四月二八日現在二七週連続でチャートイン)、七三の国と地域でiTunesチャート一位
「DNA」でビルボード・シングルチャート六七位
アメリカン・ミュージック・アワードで単独ステージ
「MIC Drop(Steve Aoki Remix)(Feat. Desiigner)」でビルボード・シングルチャート二八位(一〇週連続でチャートイン)
「MIC Drop」で米iTunesトップソング・チャート一位
シングル「MIC Drop/DNA/Crystal Snow」で日本レコード協会によるダブル・プラチナ(五〇万枚突破)認定

●二〇一八年
韓国ゴールデンディスクアワード・アルバム部門「大賞」受賞
『LOVE YOURSELF 承 'Her'』の売り上げ一六〇万枚突破
「MIC Drop(Steve Aoki Remix)(Feat. Desiigner)」でアメリカレコード産業協会によるゴール

ドディスク(五〇万枚突破)認定
日本語アルバム『Face Yourself』でオリコン週間アルバムチャート一位、四九の国と地域のiTunesチャート一位
ビルボード・ミュージック・アワードで正規三集アルバム『LOVE YOURSELF 轉 'Tear'』の新曲舞台、「トップ・ソーシャルアーティスト賞」受賞
『LOVE YOURSELF 轉 'Tear'』でビルボード・アルバムチャート一位、イギリスのオフィシャルチャート八位にランクイン、六五の国と地域でiTunesチャート一位
「Fake Love」でビルボード・シングルチャート一〇位

この驚異的な記録は、Psyの「江南スタイル」以降、「K－POPとは何か」という問いを再び世界にもたらした。韓国語で歌うこのボーイバンドに、なぜ世界のポップファンは熱狂するのか。SMにも、YGにも、JYPにも所属していないBTSをつうじて、K－POPはどのように拡張しているのか。

過程の物語をめぐる感情のコミュニティ

BTSの音楽は、ブラックミュージックに基づいている。それは、サウンドやビートだけではなく、態度や表現方式までを含む。その音楽には、BTSというチームやメンバーそれぞれの経験や社会に対するさまざまなメッセージが、彼らのアイデンティティとして表現される。

しかしそれは、アメリカのラップ・ヒップホップを一方的に受け入れているという意味ではない。BTSから発せられる社会に対する積極的なメッセージとそれを支持する献身的なファンたちとの深い関係は、九〇年代に韓国ポップ／K－POPを転換させたソテジワアイドゥルとH.O.T.の位置付けを積極的に受け継いでいるからだ。つまりBTSの音楽が基づいているブラックミュージックとは、K－POPとアメリカのもの両方を意味するといえよう。

したがって、メンバー全員がシンガーソングライターであることは、BTSのアイデンティティにおいて重要な意味をもつ。リーダーのRMをはじめ、シュガ、ジェイホープ、ジン、ジミン、ブイ、ジョングクのメンバー全員は、二〇一五年に発表した『花様年華 Pt. 1』以来、すべてのアルバムのクレジットに作詞・作曲家として名前を載せている（そのうちRM、シュガ、ジェイホープは自作のミックステープを発表している）。音楽をつうじて自分を表現するというのは、BTSというチームにとってはアイデンティティそのものなのである。

そもそもBTSとしての物語は、K－POPを代表する他のアイドルグループと異なる道を歩みはじめた最初の段階からスタートしていたといえよう。BTSの所属事務所は「Big Hit エンターテインメント」。一九九七年からJYPのプロデューサーとしてgod、ピ(RAIN)などのヒット曲を手掛けたパン・シヒョクが二〇〇五年に設立した芸能事務所で、BTSがデビューするまではK－POP界で大きな成功を収めていなかった。

デビュー初期、SM、YG、JYPのような大手芸能事務所に所属していないということで、BTSには「中小アイドル」というニックネームがつけられていた。そこには、芸能事務所の(投資を含む)資本と企画・管理システム、マスメディアとの関係が絶対的な力をもつK－POPにおいて、小規模の芸能事務所に所属した彼らの可能性に対する冷ややかな視線が含まれていただろう。

しかし、そのような条件はむしろ、BTSを他のグループと差異化させる重要な要素となった。最初からBTSは、芸能事務所と緊密な関係を築いているマスメディアではなく、ソーシャルメディアを活動の中心とし、ファンに直接話しかけ、自分たちを見せていく方法をとった。

歌詞やパフォーマンスには、アーティストとしての夢や悩み、若い世代に流行する消費主義、格差による社会の不平等とそのなかでの若者たちの苦悩など、自分たちの物語と同世代へのメッセージを積極的に載せた。そのなかでは、大手事務所に所属していない不利な条件も、彼らの成長過程を表す要素の一部だった。そしてその成長過程が表れた物語とメッセージ、すなわちBTS独自のコンテンツは、放送局の脚本と編集を要しないインターネット放送、YouTube、ツイッターなどのメディアをつうじて直接発信された。

その効果は大きかった。まずYouTubeをつうじて流れた完成度の高い音楽とパフォーマンス、ミュージックビデオに反応した世界中の若い人びとは、翻訳された韓国語詞をつうじてそのなかにあるBTSの物語と自分たちへのメッセージに共感しはじめた。そして新しいアルバムが次々と発表されるたびに、洗練されていくBTSの音楽とアーティストとしての成長過程が表す感性と世界観を、自分の成長過程のなかで共有する若者が急速に増えていった。献身的なファンダムA.R.M.Yを中心に、ツイッターではフォロワーの数が一〇〇〇万人を超えた。BTSを中心に、言語と文化の壁を感じさせない若者たちの「感情のコミュニティ」が構築されたのだ。

BTSを、ハリー・ポッターの作家J・K・ローリング、トランプ米大統領などとともに「インターネットで最も影響力のある二五人」に選んだアメリカの代表的なニュース雑誌『タイム』(二〇一七年六月二六日)は、二〇一七年のビルボード・ミュージック・アワードでリーダーのRMが述べた受賞スピーチに注目した。「この賞は、ぼくたちに愛と光を注いでくれる世界中の人びとのものです」。それは、BTSが、自分たちの音楽を中心に感情的に結ばれている人びととの関係をいかに強く意識しているのかを物語っている。

K‐POPをめぐる普遍的な「ポップの瞬間」

二〇一七年一一月一九日のBTSの「アメリカン・ミュージック・アワード」の舞台で拡大したアメリカのマスメディアとポップ界の関心は、二〇一八年五月二〇日の「ビルボード・ミュージック・アワード」の舞台へとつながった。この舞台でBTSは、新曲「Fake Love」を披露するという破格の待遇を受けた。

そしてその一週間後、「Fake Love」が収録されたアルバム『LOVE YOURSELF 轉 'Tear'』は、ビルボード・アルバムチャート一位を獲得した。同時に「Fake Love」は、ビルボード・シングルチャート一〇位にランクインした。

九〇年代以降、とくに二〇〇〇年代以降のグローバルな展開において、K‐POPへの反応が比較的に鈍かったのは、K‐POPが最も大きな影響を受けたアメリカのポップ市場だった。BTSの音楽がいまのアメリカではめずらしいアイドルグループとして、ポップのメインストリームに受け入れられたのは、K－POPにおいても大きな意味をもつといえよう。

それを可能にしたのは、いうまでもなく完成度の高いポップサウンドと「カルグンム（刀群舞）」という言葉をさらに流行させた完璧なパフォーマンス、そしてそれを極限に視覚化させたミュージックビデオだった。そして、そのなかで自分たちの物語とメッセージを果敢に発信しつづけたBTS自身の態度とそれに共感した献身的なファンダムの力。これらは、ここ二〇年間K－POPが築き上げてきた世界そのものでもある。

BTSの「ビルボード一位」というタイトルには、「韓国出身アーティストとしては初、英語以外の外国語アルバムとしては、一二年ぶり」という記録がついている。しかし、アメリカのラジオ放送での放送回数を重視するビルボードチャートの特徴を考えれば、その結果をオリンピックの金メダルのようにとらえるのは無意味なことだろう。ラジオ局に選曲を申し入れた世界のファンたちこそ、BTSを「ビルボード一位」に導いた人びとだし、ソーシャルメディアを中心とした自分たちの「dom」のなかで動くその人びとを国籍で理解することなど、そもそも不可能なことだからだ。

それは日本においてもいえることである。本書で述べてきたように、これまで日本におけるK－POPの受容は、J－POPというサラダボールの一つとして、つまり日本の市場に徹底して合わせるかたちでなされてきた。日本語詞のアルバムを出し、日本のメディア環境に特化した活動をする「かたち」が守られてきたのである。グローバルな流れとは一線を画していたそのようなかたちは、K－POPを産業的に支える軸でもあった。

しかしここ数年、日本のファンダムは、グローバルなものとしてのK－POPをも積極的に求めつづけている。本書で紹介したEXOやTWICE、BTS、Red Velvet、BLACKPINKの他にも、SEVENTEEN、GOT7、Wanna One、WINNERなど、いま日本で高い人気を得ているK－POPのほとんどは、日本のファンダムが日本のメディア環境に頼らず、ソーシャルメディアやiTunesなどをつうじて、積極的にアクセスしたアーティストたちである。

そのような変化は、BoAと東方神起によって確立した日本におけるK－POPのかたちにも大きく影響している。グローバルな流れとともに日本のファンダムの人気を得てから正式な日本進出を行うという新たな活動方式が増えているし、日本語化されていない、グローバルに受容されている韓国語の歌詞そのものを求める日本のファンも急増している。

そして、二〇一八年四月二八日に放送されたNHKの『SONGS』のように、日本のマスメディアも徐々にそのような傾向に気づきはじめているようにみえる。番組の最後の曲「MIC Drop」をあえて韓国語で放送したのは、グローバルに楽しまれているオリジナルをそのまま聴きたいという日本のファンたちの要望に応えたものだろう。そして、日本語バージョンと韓国語バージョンのヒット曲、韓国語のインタビューで構成された三〇分間の番組は、五月二〇日にすぐさま再放送がなされるほど、日本はもちろん世界的に大きな話題を呼んだ。グローバルな流れと日本における流れが、いまやさまざまなかたちで混ざり合い、これまでとは異なるかたちをつくり出しているのである。

そのような動きは、K‐POPを理解する重要な要素でもある。

考えてみると、二〇一七年のAMAsの舞台で、ザ・チェインスモーカーズにより「インターナショナルスーパースターと呼ぶのではもの足りない」と紹介されたBTSは、二〇一八年のBBMAsではケリー・クラークソンにより「世界最高のボーイバンド(the biggest boyband in the world)」と呼ばれた。他のアメリカのテレビ番組でも、一貫して「韓国の」ではなく、「世界の」という言葉が使われている。

それが意味するのは、音楽の生産・流通・消費の過程においても、市場の動きにおいても、評論においても、ファンダムにおいても、BTSの位置付けは、一つの国の単位ではとらえられない、いわゆるグローバルなポップスターだ、ということではないだろうか。

そして、それこそ世界のポップ界が求める姿であり、K‐POPが目指してきたあり方であろう。つまり、「世界のアーティスト」として呼ばれたBTSがその輝かしいポップの舞台に上がる姿は、グローバルなポップスターをつねに求めつづけてきた「ＰＯＰ」の欲望と、韓国という狭い市場と環境を超え、グローバルなポップスターの発信を試みつづけてきた「Ｋ」の欲望との長い出会いが、これまでのなかで最も強烈にスパークした瞬間でもあるのだ。

BTSのみならず、他の多くのＫ－ＰＯＰが表現する音楽とパフォーマンスを一瞬でも楽しんだことのある人なら、それが違う人種や地域の文化に対する偏見からも、アイドルの音楽に対する先入観からも、一国の単位で表れる愛国主義や排外主義による抑圧からもかけ離れた、普遍的な「ポップの瞬間」であることに気づくだろう。

つまり、二〇一二年頃のアメリカにおけるＫ－ＰＯＰの発見がグローバルなポップとしてのＫ－ＰＯＰを認知しはじめることだったとするならば、二〇一七年の日本におけるＫ－ＰＯＰの再発見は、Ｋ－ＰＯＰが、韓流の一領域（「第二の韓流」）としてではなく、二〇一二年から二〇一七年のあいだを含めて、グローバルなポップとして消費されてきたことに気づくことだったといえよう。そのあいだのさまざまな政治的・社会的状況を考えれば、それを可能にしたのは、グローバルなファンダムがそうであるように、その普遍的なポップを普遍的に愛しつづけてきた日本のファンダムに他ならない。

そして二〇一八年に加速化しているさまざまな動きは、K－POPのさらなる拡張を意味しているようにみえる。今後その拡張はどのようになされていくのだろうか。

おわりに

K-POPの感覚

九〇年代に形成され、拡張しつづけてきたK-POPは、もはやアメリカを中心としたポップの文法だけでは説明できないものとして成り立っているようにみえる。

最新のサウンドとビートに合わせたラップや歌、先端のファッションとビジュアルが混ざったシンクロダンス、そして洗練されたミュージックビデオ。これらの感覚がいっぺんに、一つのチームによって表現される例は、おそらく今のアメリカンポップにはない。サウンドやビートをはじめ、多くの要素がポップから採用されているにもかかわらず、それらを組み合わせると、不思議にもK-POPになるのだ。

それだけではない。世界中に拡がる献身的なファンダムのあり方も、たんなる消費を超えた意識と感情の共感も、K-POPならではの特殊なコミュニケーションである。そこでの「아이돌(アイドル)」という言葉は、英語の「idol」とも、日本語の「アイドル」とも異なる意味

をもつ。たんなる憧憬の対象でも、消費の対象でもなく、同じ時代を生きるものとしての過程と物語を共有するポップスター。それがK‐POPが生み出した新しいアイドル像である。

ポップでありながらK‐POPとしての特徴をもち、K‐POPでありながら普通のポップとして受け入れられるこの普遍性と特殊性のあいだのバランスこそ、韓国歌謡が韓国ポップへと転換された八〇年代後半以降、K‐POPが身につけた最も重要な感覚であろう。J‐POPの「J」への相対的な意味として付けられた「K」という形容詞が、「J」との関係から離れ、それ自体でとらえられるようになったのも、その過程が生んだ変化である。

「K」と「POP」のあいだのそのようなバランスは、今ここのさまざまな音楽的・産業的・社会的感覚が複雑に絡み合い、せめぎ合いながら生み出されたものである。いいかえれば、K‐POPは、ある瞬間のあり方だけでは規定できない、ポップへの欲望とともにつねに動きつづける空間である。ポップへの欲望を失い、今ここの感覚の働きによる拡張が止まった瞬間、K‐POPはK‐POPではなくなるからだ。

拡張する音楽空間

K‐POPは、短編的な出来事のモザイクでできているようにみえるかもしれない。二〇〇〇年代以降の韓流の流れのうえで、寿命の短いアイドルグループがどんどん入れ替わるというイメージがあるからだろう。しかしK－POPは、本書で述べてきたように、歴史的な連続性をもって築かれてきた音楽空間であり、文化産業であり、社会的場である。「観る音楽」の導入、アイドルの登場、ブラックミュージックとの出会い、ラップとヒップホップ文化の受容、J－POPからの脱却、そして韓国型マネージメントの定着まで、K－POPが生まれる過程だけをみても、それ以前の韓国歌謡がその後のアーティストたちとその音楽にどれだけ大きな文脈として作用していたのかがわかる。

それを顕著に表すのは、いうまでもなく音楽そのものである。BoAと東方神起が日韓のフラットな音楽空間のうえでK－POPのかたちをつくり上げたのも、BIGBANGと少女時代がポップとしての普遍性を獲得したのも、そしてPsyの「江南スタイル」がK－POPをグローバルな現象にしたのも、韓国的メロディと感性がポップのサウンドやスタイルと複雑に混淆しつづけた結果であるからだ。

そして、レコード売り上げのような量的な面だけに振り回されず、K－POPの音楽空間を築き上げたさまざまな感覚を総体的にとらえたとき、アメリカと日本の音楽的要素とスタイルを受け入れて形成された、中心を欲望する周辺の音楽空間は、多くのアーティストとその音楽から受け継いだ感覚が混在する、中心と周辺の境界を超えた音楽空間に転換されるだろう。

K-POPというメディア

いまソウルの芸能事務所は、第二のEXOを、TWICEを、BTSを目指して国内外から集まった一〇代の若者たちで埋め尽くされている。そして数々の国内外のミュージシャンたちが、最新のサウンドとスタイルで満ちた音楽をソウルに送りつづけている。そのアーティストたちをつうじて、K-POPは、今後も「K」と「POP」の感覚を媒介しつづけるだろう。その「媒介すること」こそ、K-POPのアイデンティティそのものなのだ。

そこで媒介されるのは、たんなる最新のトレンドだけではない。本書でみてきたように、「K」と「POP」のあいだには、国籍、地域、世代、階級、人種、ジェンダーをめぐる集団と個人のさまざまな欲望が存在する。そのような欲望は、一方では人びとの熱情であふれる夢を、もう一方では冷静に測られる利害を追い求める。今ここのK-POPが媒介するのは、その両方の力が同時に作用する音楽的・産業的・社会的感覚なのだ。

いいかえれば、世界の人びとが熱狂する華麗な舞台だけではなく、この理想(夢)と現実(利害)のギャップが生み出す矛盾と葛藤までもがK-POPの世界なのである。そしてこのソーシャルメディアの時代に、おそらくＫ－ＰＯＰのアーティストとオーディエンス（とりわけファンダム）は、それを十分に認知しながら出会いつづけているようにみえる。そのなかで共有されるものは、「過程の物語」そのものでもあるからだ。

それでも、Ｋ－ＰＯＰが媒介しきれていない今ここの感覚は依然として多い。より多様な人びとが熱狂すればするほど、Ｋ－ＰＯＰには、より開かれた世界の構築が求められるのだ。

はたしてＫ－ＰＯＰは、激しく変化しているメディア環境との親和性を維持しながら、今ここの感覚を媒介しつづけることができるのだろうか。今後も人びとは、Ｋ－ＰＯＰをつうじて、愛で満ちたポップの瞬間を感じつづけることができるのだろうか。

主な参考文献

（1）ポップ音楽全般について
Roy Shuker, *Popular Music: The Key Concepts*, Routledge, 2017
Andy Bennett, Barry Shank and Jason Toynbee, *The Popular Music Studies Reader*, Routledge, 2006
大和田俊之『アメリカ音楽史――ミンストレル・ショウ、ブルースからヒップホップまで』講談社、二〇一一年

（2）韓国ポピュラー音楽史全般について
申鉉準ほか『韓国ポップのアルケオロジー――一九六〇―七〇年代』平田由紀江訳、月曜社、二〇一六年
朴燦鎬『韓国歌謡史――一八九五―一九四五』晶文社、一九八七年（韓国版の『韓国歌謡史1

一八九五―一九四五』『韓国歌謡史2　一九四五―一九八〇』を含む『韓国歌謡史Ⅰ』『韓国歌謡史Ⅱ』が二〇一八年七月に邑楽舎から刊行）

イ・ヨンミ『韓国大衆文化史』民俗院、二〇〇六年（이영미『한국대중음악사』민속원、二〇〇六년）

ナ・ドウォン『結局、音楽』ブックノマード、二〇一一年（나도원『결국、음악』북 노마드、二〇一一년）

（3）ラップ・ヒップホップの形成と韓国における受容について

ネルソン・ジョージ『ヒップホップ・アメリカ』高見展訳、ロッキングオン、二〇〇二年

ヤン・ウソク「韓国ラップの形成とK－POPの発展」『音楽学』第二三巻〇号、二〇一二年（양우석「한국　랩의　형성과　케이팝의　발전」『음악학』제二三권　〇호、二〇一二년）

キム・スア、ホン・ジョンユン『今ここ・ヒップホップ』スリーチェアズ、二〇一七年（김수아、홍종윤『지금　여기　힙합』스리체어스、二〇一七년）

（4）K－POPの定義について

申鉉準『歌謡、K－POP、その彼方』トルベゲ、二〇一三年（신현준『가요, 케이팝, 그 너머』돌베게, 二〇一三년）
イ・サンウク『K－POP研究』インターブックス、二〇一六年（이상욱『K－POP연구』인터북스、二〇一六년）
イ・ギュタク『K－POPの時代——カセットテープからストリーミングまで』ハヌルアカデミー、二〇一六年（이규탁『케이팝의 시대——카세트테이프부터 스트리밍까지』한울아카데미、二〇一六년）

（5）J－POPと日本のアイドルについて
烏賀陽弘道『Jポップとは何か——巨大化する音楽産業』岩波新書、二〇〇五年
毛利嘉孝『増補　ポピュラー音楽と資本主義』せりか書房、二〇一二年
阿久悠『夢を食った男たち——「スター誕生」と歌謡曲黄金の七〇年代』文春文庫、二〇〇七年

(6)韓国における日本の大衆文化の禁止と消費について

金成玟『戦後韓国と日本文化　「倭色」禁止から「韓流」まで』岩波現代全書、二〇一四年

(7)法的問題について

キム・サンチャン「エンターテインメント紛争解決のための仲裁制度の活性化方案」『仲裁研究』第二三巻一号、二〇一三年(김상찬「엔터테인먼트분쟁 해결을 위한 중재제도의 활성화 방안」『중재연구』제二三권 一호、二〇一三년)

イ・ウソク「エンターテインメント専属契約による芸能人の法的保護」『法学研究』第三〇集、二〇一〇年(이우석「엔터테인먼트 전속계약에 따른 연예인의 법적 보호」『법학연구』제三〇집、二〇一〇년)

(8)アメリカと韓国のアイドル・メイキングについて

John Seabrook, *The Song Machine: Inside the Hit Factory*, W. W. Norton & Company, 2015

パク・ヒア『アイドルメーカー』メディアセム、二〇一七年(박희아『아이돌메이커』미디어샘、二〇一七년)

ソン・ナムウォン『YGは違う——挑戦は本能だ、想像は遊びだ、果敢に狂え』インフルエンシャル、二〇一五年(손남원『YG는 다르다——도전은 본능이다, 창조는 놀이다, 과감하게 미쳐라』인플루엔셜, 二〇一五년)

(9)南米・ヨーロッパにおけるK-POPの受容とファンダムについて
チェ・ジョンボン『K-POP世界化の政治経済学——ファントロポロジー』KBS放送文化研究所、二〇一四年(최창봉『K-POP세계화의 정치경제학——팬트로폴로지』KBS방송문화연구소, 二〇一四년)
チョン・ギルファ『ブラジルのK-POPファンダムに関する現場研究』韓国外国語大学大学院博士論文、二〇一六年(정길화『브라질의 케이팝 팬덤에 대한 현장연구』한국외국어대학교 대학원 박사학위논문, 二〇一六년)
ミン・ジウン、チ・ヨンホ「フランスにおける韓国ポピュラー文化コンテンツ消費形態にともなうマーケティング戦略に関する研究」『韓国フランス学論集』第八九集、二〇一五年(민지은, 지영호「프랑스에서의 한국대중문화콘텐츠 소비 형태에 따른 마케팅 전략에 관한 연구」『한국프랑스학논집』제八九집, 二〇一五년)

(10)ソフト・パワーについて

ジョセフ・S・ナイ『ソフト・パワー――二一世紀国際政治を制する見えざる力』山岡洋一訳、日本経済新聞社、二〇〇四年

Lisa E. Davenport, *Jazz Diplomacy: Promoting America in the Cold War Era*, University Press of Mississippi, 2009

あとがき

「K-POPのアイドルって、ただの児童虐待じゃない？」

九年ほど前、日本の親しい友人とこのように話したことがある。

少し過激な表現ではあるが、今でもそれが完全に間違った話だとは思わない。そもそもミュージシャンがスキルを身につけていく過程には、いくらか虐待的なところがあるのだから。自分にも、ピアノの部屋から出られずに(部屋の外に監視の耳があったので)、手ではショパンを弾きながら、目では漫画を読んでいた記憶がある。

もちろんショパンは好きだった。しかし、一日も欠かさず数時間練習をつづけなければならない一〇代の毎日には、好き嫌いの水準を超えた何かがある。それに、K-POPアイドルには、毎日の訓練だけではカバーしきれない、大衆に好感を持たせる魅力までもが求められる。非常に過酷な環境であることは間違いないのだ。

そう思うにもかかわらず、九年も前の会話が今でも心のどこかに残っているのは、そこに付けられた「ただの」という表現のせいだろうと思う。「ただの」と言ってしまえる音楽なんて世の中にあるのだろうか、という意味ではない。一〇代以降ずっと韓国のポピュラー音楽を身近に感じていた者として、それが「ただの」と言い切ってしまえるほど単純なものではないということを、自分が感覚的にわかっているからだろう。

本書でＫ‐ＰＯＰの出発点として述べた、韓国歌謡が韓国ポップへと転換しはじめた八〇年代後半は、小学生から中学生になっていった自分が、本格的にポップを聴きはじめた時期でもあった。ユ・ジェハが残したアルバムを聴き込んだのも、テレビやラジオの音楽番組にハマったのもこの頃で、その後、韓国や欧米、日本のさまざまなアーティストの音楽を楽しんできた。そして二〇代になってからは、大学（ソウル大学作曲科）でクラシック・現代音楽を専攻する一方で、ポピュラー音楽をつくる人びと、ポップスターを目指す人びと、ファンダムの中にいる人びとの世界を、直接的・間接的に経験したりもした。

本書は、そのような経験に基づいたポピュラー音楽論であり、メディア論である。現代韓国文化論として読まれてもいいだろう。ここで私は、「ただの」とは程遠い複雑なＫ‐ＰＯＰの世界を、その内部と外部をつなぐいろいろな感覚、大きな物語と小さな物語が混ざり合ったさまざまな欲望をつうじて考えようとした。

もちろん、日々大きく変わりつづけるK－POPの最新情報をアップデートすることなど、本書の目的ではないし、そもそも不可能なことでもある。二〇一八年五月二七日にBTS（防弾少年団）がビルボード・アルバムチャートで一位を獲得した後（あとがきを書いている今でも）大量に生産されている関連記事のように、それは他の媒体によって十分になされていくだろう。本書が目指すのは、変わりつづけるK－POPを理解するための文脈と視座を丁寧に提供することだ。

考えてみると、「はじめに」にも書いた二〇一二年から二〇一七年までのあいだは、日本で研究者として生きる私にとっても、複雑な思いを抱いて過ごす時間だった。何より、ヘイトスピーチがネットの内外を問わず日常化したことで、自分が日本の社会に根づいたと思っていた分、大きな驚きと悲しみを感じていた。しかし同時に、音楽（を含む文化）と人びとの力が、反目や嫌悪のこれ以上の蔓延をみえないところから抑制しているのではないかという判断と実感が、その一方にはあった。一見ナイーブにみえるかもしれないこのような観点こそ、本書を書くモチベーションだった。たんにK－POPが世界で成功しただけなら、本書を書く方向性を持つことはそもそもなかっただろう。

そして私は、音楽チャートの順位のような外形だけではなく、アーティストの音楽とそれを愛する人びとが出会う「ポップの瞬間」をつうじて共有されてきた意識と感情に、少しでもこだわりたかった。本書で書ききれなかった部分は、読者たちが経験してきたそれぞれの「ポップの瞬間」で埋められるだろうと、勝手に信じている。

十数年前、私は音楽家ではなく研究者としての道を選んだ。その後も自分が音楽から離れているという感覚は持っていなかったが、このようなかたちで向き合ったのはじつは今回がはじめてなのかもしれない。これを機に、音楽とそれをめぐる人びとの力についてより活発に語っていきたい。

幸い本書を書きながら、音楽との距離感による難しさはとくに感じなかった。それは研究者としてのトレーニングを受けた大学院生時代における二人の指導教員――東京大学の吉見俊哉教授とソウル大学の姜明求《カンミョング》教授――のおかげである。この場を借りて、改めて感謝の気持ちを伝えたい。

また、札幌とソウル、東京にいる家族と世界各地の友人、そして北海道大学の同僚と学生のみなさんにも深く感謝する。日々の配慮と支援、コミュニケーションは、本書を書く大きな力となった。

最後に、「K－POP」という挑戦的なテーマにともに挑んでくれた岩波新書編集部の中山永基氏に心よりお礼を申し上げたい。私と問題意識と観点を共有した中山氏の丁寧な支えと心強い励ましがなかったら、本書が成ることはなかっただろう。

二〇一八年六月

金 成 玟

金 成 玟

1976年韓国・ソウル生まれ．ソウル大学言論情報学科修士課程修了，東京大学大学院学際情報学府博士課程修了．博士(学際情報学)．東京大学大学院情報学環助教，ジョージタウン大学大学院訪問研究員などを歴任．
現在—北海道大学大学院メディア・コミュニケーション研究院教授
専攻—メディア文化研究，国際地域文化研究
著書—『戦後韓国と日本文化 「倭色」禁止から「韓流」まで』(岩波現代全書)
『東アジア観光学——まなざし・場所・集団』(共編著，亜紀書房) ほか

K-POP 新感覚のメディア　　岩波新書(新赤版)1730

2018年7月20日　第1刷発行
2025年1月15日　第3刷発行

著　者　金《キム》 成《ソン》 玟《ミン》

発行者　坂本政謙

発行所　株式会社 岩波書店
〒101-8002 東京都千代田区一ツ橋2-5-5
案内 03-5210-4000　営業部 03-5210-4111
https://www.iwanami.co.jp/

新書編集部 03-5210-4054
https://www.iwanami.co.jp/sin/

印刷・三陽社　カバー・半七印刷　製本・中永製本

ISBN 978-4-00-431730-2　　Printed in Japan

岩波新書新赤版一〇〇〇点に際して

ひとつの時代が終わったと言われて久しい。だが、その先にいかなる時代を展望するのか、私たちはその輪郭すら描きえていない。二〇世紀から持ち越した課題の多くは、未だ解決の緒を見つけることのできないままであり、二一世紀が新たに招きよせた問題も少なくない。グローバル資本主義の浸透、憎悪の連鎖、暴力の応酬——世界は混沌として深い不安の只中にある。

現代社会においては変化が常態となり、速さと新しさに絶対的な価値が与えられた。消費社会の深化と情報技術の革命は、種々の境界を無くし、人々の生活やコミュニケーションの様式を根底から変容させてきた。ライフスタイルは多様化し、一面では個人の生き方をそれぞれが選びとる時代が始まっている。同時に、新たな格差が生まれ、様々な次元での亀裂や分断が深まっている。社会や歴史に対する意識が揺らぎ、普遍的な理念に対する根本的な懐疑や、現実を変えることへの無力感がひそかに根を張りつつある。そして生きることに誰もが困難を覚える時代が到来している。

しかし、日常生活のそれぞれの場で、自由と民主主義を獲得し実践することを通じて、私たち自身がそうした閉塞を乗り超え、希望の時代の幕開けを告げてゆくことは不可能ではあるまい。そのために、いま求められていること——それは、個と個の間で開かれた対話を積み重ねながら、人間らしく生きることの条件について一人ひとりが粘り強く思考することではないか。その営みの糧となるものが、教養に外ならないと私たちは考える。歴史とは何か、よく生きるとはいかなることか、世界そして人間はどこへ向かうべきなのか——こうした根源的な問いとの格闘が、文化と知の厚みを作り出し、個人と社会を支える基盤としての教養となった。まさにそのような教養への道案内こそ、岩波新書が創刊以来、追求してきたことである。

岩波新書は、日中戦争下の一九三八年一一月に赤版として創刊された。創刊の辞は、道義の精神に則らない日本の行動を憂慮し、批判的精神と良心的行動の欠如を戒めつつ、現代人の現代的教養を刊行の目的とする、と謳っている。以後、青版、黄版、新赤版と装いを改めながら、合計二五〇〇点余りを世に問うてきた。そして、いままた新赤版が一〇〇〇点を迎えたのを機に、人間の理性と良心への信頼を再確認し、それに裏打ちされた文化を培っていく決意を込めて、新しい装丁のもとに再出発したいと思う。一冊一冊から吹き出す新風が一人でも多くの読者の許に届くこと、そして希望ある時代への想像力を豊かにかき立てることを切に願う。

（二〇〇六年四月）